地域日本語教育

生活者としての外国人向け

私らしく暮らすための 日本語ワークブック

深江　新太郎
NPO多文化共生プロジェクト

アルク

はじめに

　日本で生活をし始めた外国人にとって必要なことは、日常生活の中で自分に合ったものを選べること。そして、日常生活の中で自分に合ったものを選べるとは、私らしく生活できること。これを軸として本書は開発されました。

　本書の始まりは、2011年にさかのぼります。その年、私は、文化庁委託事業としてイスラム教徒のための日本語教室を設置しました。宗教上の行動規範を持つイスラム教徒は、日本で日常生活を送る中で、さまざまな障壁に出合います。例えば、チョコレートを食べたいと思っても、アルコールや動物性の原材料が使われていないか確認できないと買うことはできません。したがって私は、イスラム教徒が日常生活で困難に感じていることを整理したカリキュラムを作りました。

　この取り組みの中には在住外国人一般に通じる考え方があるのではないかと思い、その後も、実践と研究を繰り返しました。そして2016年〜18年の3年間、再び文化庁委託事業を受託し、今度は、福岡市近郊で生活する外国人全般を対象にした教室を設置しました。その際、日本で生活する外国人は国では当たり前にあった、「私」にとって適したものを選べる日常を一時的に失うので、それを取り戻すことを大切にしました。日常というのは例えば、好みに合う食べ物を選ぶことや安心して診察を受けること、です。

　一般に生活場面から始まる教材は、買い物に必要な定型会話を教えたり、病院での診察に必要な定型会話を教えたりします。ただ、一時的に失った日常を取り戻すためにまず大事なのは、その人が何を買いたいと思っているのか、その人が病院に行く際どんなことに困っているのか、私たちが知ることではないでしょうか。知った上で、その人が日本での日常生活の中で実現したいと思っていることをかなえるために必要な表現を提示し、その人の学びをサポートしていく、という順序が教室活動の自然な流れと言えます。

　このような教室活動の実現のため、本書では課ごとに、私らしく生活するために実現したいことを、Hope to として設置しています。各課の Hope to に沿って、一人一人の日常生活で実現したいと思っていることを聞いた上で、それを実現する表現が提示できるように本書はデザインされています。

　日本で、日本人が一人の人として幸せに暮らしていくことと同じように、外国人も日本人と同じように一人の人として幸せに暮らしていくことを、私は多文化の共生と考えます。そのためには、まず、日本で暮らす一人一人が日常の中で持っている小さな望みを実現していく必要があります。本書が、地域社会における多文化共生に寄与する日本語教育の一助になることを願います。

2021年3月　深江　新太郎

本書について

本書の目的・特徴

本書では、日本で暮らす外国人が、生活の中で自分の気持ちや自分の希望を伝え、自分らしく暮らすために、それぞれに必要な日本語を習得することを目指します。必要な日本語はそれぞれに違いますので、学習者一人または複数に、日本人のパートナーが一人付いて、対話をしながら学んでいくのが特徴です。

基本的な構成・進め方

■ Hope to

どのような望みをかなえるための課なのかが各課で示されます。パートナーと共にHope toの内容を確認してから次に進みましょう。

■ あなたのこと1

ウォーミングアップとして、各課のテーマに沿った質問に答えていきます。![教えて!] は、特にあなたの国のことなので教えてください、という意味で付いています。一問一答ではなく、会話を楽しみながら進めましょう。

■ 知っていることば・知りたいことば

各課のテーマに沿って、今知っていることばを出したり、知りたいことばをパートナーに聞いたり、調べたりして、あなたのことばを増やしていきます。

■ あなたのこと2

ここではテーマに基づき、さらにあなたの好みや考えなどについて話を広げ、深めていきます。パートナーからの質問にも答えるなど、会話を楽しみながら進めましょう。

■ やりたいこと(調べたいこと)

今まで話したことなども参考に、今、あなたがやりたい(調べたい)と思っていることを考えていきます。ヒントや、登場するランさんたちのやりたいことなども参考に考えてみましょう。

■ ○○するために

「やりたいこと(調べたいこと)」で出てきたことを実際に行動に移すための情報収集などを行います。まずはパートナーから情報を聞き、その後、さらにインターネットなどを使って調べ、わかったことを書き出します。

■ あなたのフレーズ

「やりたいこと(調べたいこと)」を実行するときに必要なフレーズを練習します。「①よく使うフレーズ」ではその場面でよく使うフレーズの例を出しています。「②あなたが言いたいフレーズ」では①も参考に、あなたの場合に当てはめたフレーズを考えます。「もっと言いたいフレーズ」はさらにあなたが伝えたいフレーズを、パートナーにも聞きながら学びます。巻末の「各課の文法解説」も必要があれば確認して進めてください。

※各課の目的に沿うよう、項目の順番や内容を、課によって変えているところもあります。

About This Book

Aim & Approach

This book is designed to equip foreigners residing in Japan with the Japanese words and phrases needed to communicate their feelings and wishes in everyday situations so that they can live the lifestyle of their choice. Since those needs vary from person to person, this book uses an approach whereby a single learner or a group of learners study by conversing with a Japanese partner.

Basic Structure & Flow

■ Hope to

This part outlines the personal communication goals that each lesson seeks to achieve. Go over the "Hope to" statements with your partner before proceeding with the lesson.

■ Talking about Yourself 1

This is a warm-up exercise that asks you questions related to the lesson's theme. The ◀教えて！ icon marks questions that particularly call on you to describe your country. Instead of just simply answering each question one by one, have fun building them into a conversation.

■ Expressions You Know & Want to Know

Here, you increase your range of communication regarding the lesson's subject by utilizing the expressions you already know, and by asking your partner about or looking up new words and phrases that you want to know.

■ Talking about Yourself 2

In this section, you further increase the depth and breadth of your conversations about your preferences, thoughts, and so on in relation to the lesson theme. Try to enjoy engaging in full conversations, such as answering your partner's questions.

■ Things You Want to Do (or Want to Know)

This part encourages you to think about things you want to do (or want to know) now, with reference to the content of the conversations you have had. To get the ball rolling, go over the "Hint" questions and the things that Lan-san and other characters say they want to do.

■ How to

The next step is to gather the information you need to actually do the things that you want to do or find out the things you want to know. First, ask your partner for this information, then use the Internet and other resources to look up more information. Make notes of what you learn.

■ Your Phrases

Now you're ready to practice the phrases you need to actually do the things that you want to do or find out the things you want to know. ①よく使うフレーズ (Common Phrases) provides examples of phrases commonly used in particular situations. In ②あなたが言いたいフレーズ (Phrases for What You Want to Say), you come up with phrases tailored to your own needs, referring to ① for ideas. In もっと言いたいフレーズ (More Phrases for What You Want to Say), you learn more phrases for communicating what you want to say, with the help of your partner. If necessary, also go over the pointers in 各課の文法解説 (Lesson Grammar Points) in the appendix.

Note: The order or content of the sections described above differs for some lessons depending on the objectives of the lesson.

本书内容与结构

编写目的·特点

本书以在日本生活的外国人为对象,帮助他们掌握在生活中表达自己的心情及愿望时必不可少的日语。场景不同,日语表达方式也不一样,因此,本书的特点是,为一名或几名日语学习者安排了一名日本人做学习搭档,通过会话学习日语。

基本内容·使用方法

■ Hope to

每一课都会说明通过学习能够实现什么愿望。先和你的学习搭档一起确认Hope to的内容后再进行下一步的学习。

■ 你的事情1

作为学习前的准备,先回答按照每一课的主题而提出的问题。之所以采用 ◀ 教えて! 这个标题,是因为有请你告诉对方有关你们国家之事的意思。内容并非一问一答,学习者可通过愉快地会话学习日语。

■ 知道的词语·想知道的词语

按照每一课的主题,说出你目前知道的词语,请教学习搭档或是查找自己想知道的词语,由此逐渐增加你的词汇量。

■ 你的事情2

根据主题会话,就你的爱好以及想法等做进一步的扩展并加深。还包括回答学习搭档提出的问题等内容,通过愉快地会话继续学习。

■ 想做的事情(想查找的事情)

参考至今说过的内容,考虑一下你现在想干什么(想查找什么)。思考时可参考有关提示以及小兰等出场人物都想干什么。

■ 为了……

将"想做的事情(想查找的事情)"中说到的具体内容付诸实施时,进行相关信息的收集。首先询问学习搭档,之后再在网上查找,并将已知内容写出来。

■ 你的句子

练习把"想做的事情(想查找的事情)"付诸实施时使用的表达方式。在「①よく使うフレーズ」中,列举了相关场合经常使用的句子。在「②あなたが言いたいフレーズ」中,参考①中的句子,想一想如果是你,哪一句更恰当。在「もっと言いたいフレーズ」中,通过询问学习搭档进一步掌握你想说的句子。本书最后附有「每一课的语法解释」,需要时可以确认。

＊为了保证内容遵循每一课的目的,项目顺序及内容根据课文有所不同。

Giới thiệu về cuốn sách

Mục đích · đặc trưng của cuốn sách này

Cuốn sách này hướng tới việc giúp những người nước ngoài sinh sống tại Nhật Bản học những mẫu câu tiếng Nhật cần thiết để truyền đạt cảm nghĩ, mong muốn của mình trong cuộc sống, giúp họ có thể sống đúng với bản thân mình. Vì mẫu câu tiếng Nhật cần thiết sẽ khác nhau tùy vào từng tình huống, nên đặc trưng ở đây là cứ với một người hoặc một nhóm người học tiếng Nhật thì sẽ cần có một người Nhật làm đối tác để vừa đối thoại vừa học.

Cấu trúc cơ bản · cách tiến hành

■ Hope to (hy vọng)

Ở các bài đều thể hiện rõ rằng đó là bài nói về việc mong muốn điều gì trở thành hiện thực. Hãy cùng với đối tác của mình xác nhận nội dung Hope to (hy vọng) rồi chuyển sang phần tiếp theo.

■ Chuyện của bạn 1

Để làm quen, chúng ta sẽ trả lời các câu hỏi theo chủ đề của mỗi bài. Từ ◀━ 教えて! được dùng với nghĩa là chuyện của nước bạn, nên bạn hãy kể ra. Các bạn hãy hội thoại thật vui vẻ thoải mái, chứ không cần phải hỏi gì trả lời nấy.

■ Những từ đã biết · những từ muốn biết

Dựa vào chủ đề của các bài để đưa ra những từ đã biết, hoặc hỏi đối tác những từ mình muốn biết, hoặc tra từ để làm tăng vốn từ của bạn.

■ Chuyện của bạn 2

Ở đây chúng ta sẽ dựa vào chủ đề, để mở rộng và đi sâu hơn nữa câu chuyện về những điều như sở thích hay suy nghĩ của bạn. Hãy hội thoại thật vui vẻ thoải mái qua những cách như trả lời cả các câu hỏi của đối phương.

■ Việc muốn làm (việc muốn tìm hiểu)

Tham khảo những nội dung đã nói từ trước đến giờ để suy nghĩ về những điều bạn đang muốn làm hoặc đang muốn tìm hiểu. Đồng thời cũng hãy tham khảo cả những gợi ý và những việc mà các nhân vật xuất hiện trong bài như Lan muốn làm để suy nghĩ.

■ Để làm gì

Hãy cùng thu thập thông tin để biến những việc đã được nêu ra trong số những "việc muốn làm (việc muốn tìm hiểu)" thành hành động thực tế. Trước tiên là hãy hỏi thông tin từ đối tác, sau đó hãy sử dụng mạng Internet để tìm hiểu và viết ra những gì đã biết.

■ Mẫu câu của bạn

Luyện tập các mẫu câu cần thiết để thực hiện "việc muốn làm (muốn tìm hiểu)". Ở phần "① Những mẫu câu thường dùng" sẽ đưa ra ví dụ về những mẫu câu thường dùng trong tình huống đó. Ở phần "② Những mẫu câu bạn muốn nói" cũng tham khảo phần ① và nghĩ ra những mẫu câu phù hợp với trường hợp của bạn. Ở phần "Những mẫu câu muốn nói nhiều hơn nữa", bạn vừa hỏi đối tác vừa học những mẫu câu bạn muốn truyền đạt hơn nữa. Nếu cần thì hãy xác nhận thêm cả phần "Giải thích ngữ pháp các bài" ở cuối sách.

※ Có những bài được thay đổi về thứ tự và nội dung của các hạng mục sao cho phù hợp với mục đích của mỗi bài.

Sobre este livro

Objetivos e características do livro

O objetivo deste livro é fazer os estrangeiros aprenderem o japonês necessário para comunicar seus sentimentos e desejos em sua vida cotidiana e fazê-los viver mais à vontade. O japonês necessário varia de pessoa para pessoa. Por isso, um ou alguns estudantes aprendem conversando com um parceiro japonês.

Estrutura básica e progressão do livro

■ Hope to

Em cada lição será apresentado qual tipo de desejo será realizado. Siga para o próximo passo depois de conferir o conteúdo de "Hope to" junto com seu parceiro.

■ Sobre você 1

Para se aquecer, responderemos às perguntas relacionadas ao tema de cada lição. Em ◀ 教えて！ é para ensinar algo sobre o seu país. Não apenas pergunte e responda, e divirta-se conversando.

■ Palavras conhecidas e palavras que se quer conhecer

Aumente seu vocabulário usando as palavras que você conhece e pesquisando e perguntando ao seu parceiro as que você não conhece, considerando o tema da lição.

■ Sobre você 2

Aqui, vamos falar mais e aprofundar a conversa sobre seus gostos e pensamentos, tendo como base o tema da lição. Divirta-se conversando com seu parceiro e também respondendo às perguntas dele.

■ Coisas que se quer fazer (ou procurar)

Com base no que foi falado até agora, vamos pensar sobre o que você quer fazer (procurar) agora. Vamos pensar levando em consideração as dicas e vontades da Ran e dos outros personagens que aparecem no livro.

■ Para fazer algo

Colete informações para colocar em ação o que você quer fazer (ou procurar). Primeiro, obtenha informações com seu parceiro, e depois, pesquise na internet e escreva o que você entendeu.

■ Suas frases

Pratique as frases necessárias para colocar em prática o que você deseja fazer (ou procurar). Em "①よく使うフレーズ" ("frases muito usadas") são mostrados exemplos de frases muito utilizadas nessa situação. Em "②あなたが言いたいフレーズ" ("as frases que você quer dizer"), use o ① como base e pense em frases que tenham relação com você. Em "もっと言いたいフレーズ" ("frases que quero falar mais"), aprenda as frases que deseja usar, enquanto pergunta para seu parceiro. Caso seja necessário, vá até "Explicação gramatical de cada lição" no fim do livro.

＊Para se alinhar ao objetivo de cada lição, a ordem e conteúdo podem ser alterados de acordo com cada lição.

「教師（パートナー）用ガイド」PDF 無料ダウンロードのご案内

本書を使って学習者と「やりたいこと・知りたいこと」を話し合い、それを実現するためのサポートをするには、パートナーの声かけや聞き方、進め方が非常に重要です。

「教師（パートナー）用ガイド」PDF（無料）では、「教室活動の基本的な進め方」「各課の例・留意点」「教室活動の実践例（1課分）」を掲載しています。どんなことに気を付けて、どんな声かけをしながら進めるのかなど、本書を使っての活動が具体的にイメージできるよう作成したガイドですので、是非、お読みいただいてから活動をスタートしていただくことをおすすめします。

教師（パートナー）用ガイド

パソコンで以下のURLにアクセスし、
ファイルをダウンロードしてください。

アルク　ダウンロードセンター

https://portal-dlc.alc.co.jp

『生活者としての外国人向け　私らしく暮らすための日本語ワークブック』
商品コード：7021030

※本サービスの内容は、予告なく変更される場合がございます。
あらかじめご了承ください。

目次

付録

1

食べ物を買いに行く

Going Shopping for Food
去买食品
Đi mua đồ ăn
Comprando comida

食べ物について自分の好みを伝えたい。
自分の食べたいものを買いたい。

I want to express my food preferences.
I want to buy the things I want to eat.

———

想告诉对方自己的食物喜好。
想买自己想吃的东西。

———

Tôi muốn truyền đạt sở thích của mình về đồ ăn.
Tôi muốn mua món mình thích ăn.

———

Quero falar minhas preferências sobre comida.
Quero comprar as coisas que quero comer.

あなたのこと1

あなたのことを話してみましょう。

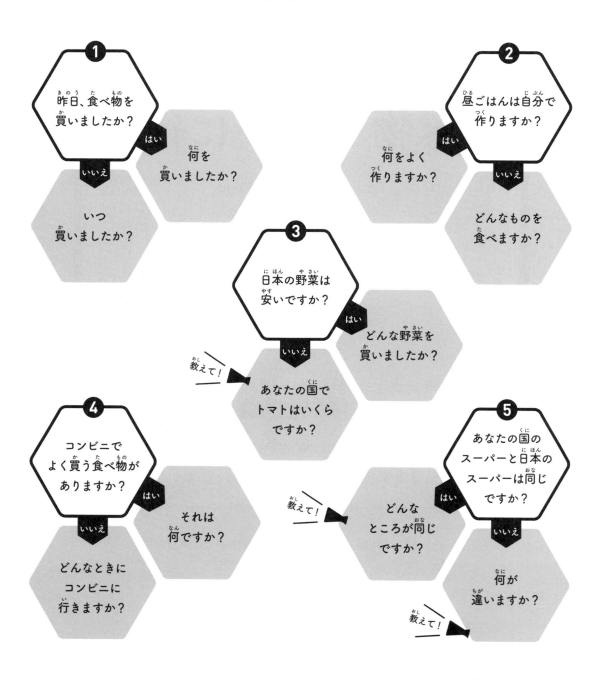

①

昨日、食べ物を買いましたか？

はい → 何を買いましたか？

いいえ → いつ買いましたか？

②

昼ごはんは自分で作りますか？

はい → 何をよく作りますか？

いいえ → どんなものを食べますか？

③

日本の野菜は安いですか？

はい → どんな野菜を買いましたか？

いいえ → あなたの国でトマトはいくらですか？

教えて！

④

コンビニでよく買う食べ物がありますか？

はい → それは何ですか？

いいえ → どんなときにコンビニに行きますか？

⑤

あなたの国のスーパーと日本のスーパーは同じですか？

はい → どんなところが同じですか？ 教えて！

いいえ → 何が違いますか？ 教えて！

- どんな　what kind of　什么样的　như thế nào, loại nào　que tipo
- ところ　place　地方。部分。　chỗ, điểm　ponto
- 同じ　same　一样。相同。　giống, giống nhau　mesmo
- 違う　be different　不同。不一样。　khác　diferente

知っていることば・知りたいことば

❶ それぞれ2分間で書きましょう。✏️

❷ わからないときはパートナーに聞いたり、検索したりしましょう。

> スーパーにある食べ物

─────────────

> 調味料

─────────────

・**検索する**　search (online)　搜索。查找。　tra cứu　procurar
・**調味料**　seasoning　调料　gia vị　temperos

あなたのこと2

「食べ物」や「飲み物」について、あなたのことをもっと話してみましょう。

・もっと　more　更。更加。　thêm, nữa　mais
・おすすめ　recommendation　推荐　khuyên, gợi ý　recomendado
・ハンバーガー　hamburger　汉堡包　Hăm bơ gơ (Hamburger)　hambúrguer

やりたいこと

ヒントをもとにやりたいことを考えましょう。

HINT!

・自分の国の食べ物で、日本でも食べたいものがありますか？

> Are there any foods of your country that you want to eat in Japan?
>
> 在日本，你有特别想吃的中国食品吗？
>
> Có món ăn nào của nước bạn mà bạn muốn ăn ở Nhật Bản không?
>
> Há comidas do seu país que você também quer comer no Japão?

・日本の食べ物で、食べたいものがありますか？

> Are there any Japanese foods you want to eat?
>
> 你有想吃的日本食品吗？
>
> Trong các món ăn của Nhật Bản, có món bạn muốn ăn không?
>
> Há comidas do Japão que você quer comer?

・欲しいけれど、買い方がわからない食べ物がありますか？

> Are there any foods that you want, but don't know how to buy?
>
> 你有想买，可是不知道怎么买的食品吗？
>
> Có món ăn nào mà bạn muốn nhưng không biết cách mua không?
>
> Tem comidas que você quer, mas não sabe como comprar?

ランさん

> 日本のスーパーでもベトナムのインスタントめんが買えると聞きました。ベトナムのインスタントめんを買いたいです。

あなた

・インスタントめん　instant noodles　方便面　mì ăn liền　macarrão instantâneo

食べ物を買いに行くために

❶ やりたいことについての情報を、パートナーに聞きましょう。 😃💬😃

> ### 教えてもらったこと
>
> _____
>
> _____
>
> _____
>
> _____
>
> ランさん
>
> 例
>
> 駅前のスーパーにベトナム
> のインスタントめんがある。

❷ 次は検索してみましょう。 📱👉

> ### 検索キーワード・わかったこと
>
> _____
>
> _____
>
> _____
>
> _____
>
> _____
>
> _____
>
> _____
>
> ランさん
>
> 例
>
> [検索キーワード]
> 日本のスーパー　ベトナム
> インスタントめん
>
> [わかったこと]
> ・日本でもフォーのインスタ
> ントめんが買える

・駅前　in front of the train station　车站前面　trước ga　frente à estação
・買える　can buy　会买。能买。　có thể mua　é possível comprar

あなたのフレーズ

❶ よく使うフレーズ

> フォーのインスタントめんを
> 買いたいなぁ。

> フォーのインスタントめんはありますか？
> どこにありますか？

❷ あなたが言いたいフレーズ

もっと言いたいフレーズ

> **例** 「この割引券は使えますか？」など

☞ 「〜はありますか」「（〜は）どこにありますか」　P.135

・**割引券**　coupon　优惠券。打折票。　vé giảm giá　cupom de desconto

2

服を買いに行く

ふく　　か　　　い

Going Shopping for Clothes
去买衣服
Đi mua quần áo
Comprando roupas

服について自分の好みを伝えたい。
ふく　　　　　じぶん　この　　つた

自分の希望に合う服を買いたい。
じぶん　きぼう　あ　ふく　か

I want to express my preferences in clothing.
I want to buy the clothes that I want.

———

想告诉对方自己的服装喜好。
想买称心如意的衣服。

———

Tôi muốn truyền đạt sở thích của mình về quần áo.
Tôi muốn mua quần áo phù hợp với nguyện vọng của mình.

———

Quero falar minhas preferências sobre roupas.
Quero comprar roupas que combinem comigo.

あなたのこと1

あなたのことを話してみましょう。

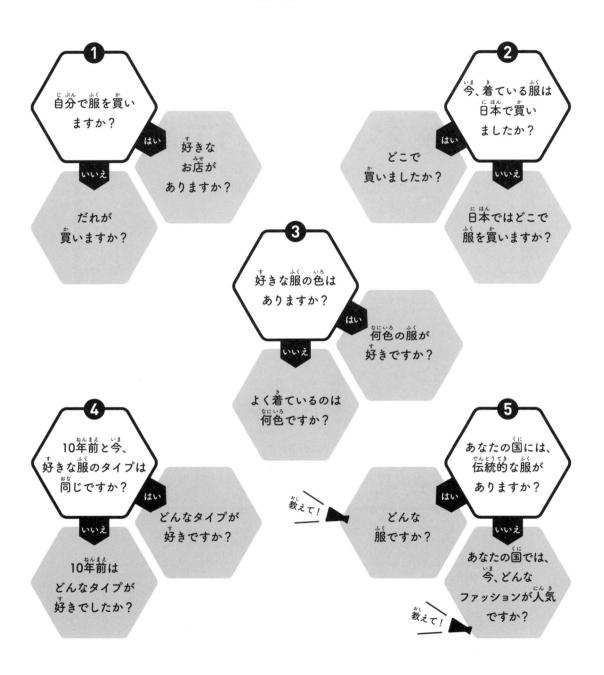

1 自分で服を買いますか？
- はい → 好きなお店がありますか？
- いいえ → だれが買いますか？

2 今、着ている服は日本で買いましたか？
- はい → どこで買いましたか？
- いいえ → 日本ではどこで服を買いますか？

3 好きな服の色はありますか？
- はい → 何色の服が好きですか？
- いいえ → よく着ているのは何色ですか？

4 10年前と今、好きな服のタイプは同じですか？
- はい → どんなタイプが好きですか？
- いいえ → 10年前はどんなタイプが好きでしたか？

5 あなたの国には、伝統的な服がありますか？
- はい → どんな服ですか？ 教えて！
- いいえ → あなたの国では、今、どんなファッションが人気ですか？ 教えて！

- 色　color　颜色　màu sắc　cor
- タイプ　type　类型　kiểu, mẫu　tipo
- 伝統的な　traditional　传统的　mang tính truyền thống　tradicional
- ファッション　fashion　时尚。时装。　thời trang　roupa

知っていることば・知りたいことば

❶ それぞれ2分間で書きましょう。✏️

❷ わからないときはパートナーに聞いたり、検索したりしましょう。 📱

色

例 　　　赤	黒

服の種類

・赤　red　红色　màu đỏ　vermelho
・黒　black　黑色　màu đen　preto
・種類　type　种类　chủng loại　categoria

あなたのこと2

「服・靴・バッグ」について、あなたのことをもっと話してみましょう。

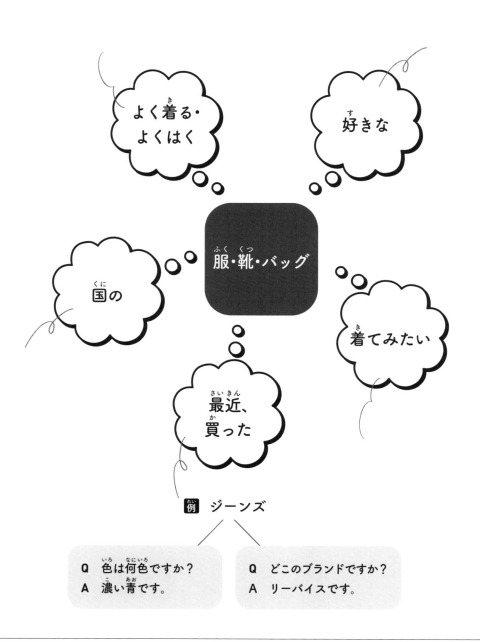

例 ジーンズ

Q 色は何色ですか？
A 濃い青です。

Q どこのブランドですか？
A リーバイスです。

・はく　wear (used for footwear/bottoms)　穿 đi　calçar
・最近　recently　最近　gần đây　recentemente
・濃い　dark; deep　（顔色）深　đậm　escuro (a)
・ブランド　brand　品牌　nhãn hiệu, thương hiệu　marca

やりたいこと

ヒントをもとにやりたいことを考えましょう。

HINT!

・今は持っていないけれど、買いたい服やバッグ、靴がありますか？

> Are there any clothes, bags, or shoes that you don't have now, but want to buy?
>
> 你是否有目前没有、可是想买的衣服、包和鞋呢？
>
> Có quần áo, túi, giày nào mà bây giờ bạn không có nhưng bạn muốn mua không?
>
> Há roupas, bolsas, sapatos que você não tem agora, mas quer comprar?

・これからの季節に必要なもので、買いたい服やバッグ、靴がありますか？

> Are there any clothes, bags, or shoes that you want to buy because you need them for the coming season?
>
> 今后的季节要穿用的的衣物中，你有想买的衣服、包和鞋吗？
>
> Có quần áo, túi, giày nào cần thiết cho thời tiết sắp tới mà bạn muốn mua không?
>
> Há roupas, bolsas, sapatos que você quer comprar e que serão necessários nesta estação?

・友達や家族にプレゼントしたい服やバッグ、靴がありますか？

> Are there any clothes, bags, or shoes that you want to give to a friend or family member as a gift?
>
> 你有想买给家人及朋友的衣服、包或鞋吗？
>
> Có quần áo, túi, giày nào bạn muốn tặng cho bạn bè và gia đình không?
>
> Há roupas, bolsas, sapatos que você quer dar de presente para amigos ou familiares?

> 黒のワンピースが欲しいです。安いほうがいいです。
> 出かけるときに着たいです。

アイビーさん

あなた

・ワンピース　dress　连衣裙　váy liền　vestido
・出かける　go out　外出。出去。　đi ra ngoài　sair

服を買いに行くために

❶ やりたいことについての情報を、パートナーに聞きましょう。

教えてもらったこと

アイビーさん

例
ユニクロに安くてかわいい
ワンピースがある。

❷ 次は検索してみましょう。

検索キーワード・わかったこと

アイビーさん

例
［検索キーワード］
ユニクロ　ワンピース　黒

［わかったこと］
・3,000円ぐらいでかわいい
　ワンピースがある

・かわいい　cute　可愛。好看。　dễ thương　bonitinho

あなたのフレーズ

❶ よく使うフレーズ

> このワンピースが
> 欲しいけど、小さいサイズは
> あるかなぁ。
> 違う色もあるかなぁ。

> Sサイズはありますか？
> 色違いはありますか？

❷ あなたが言いたいフレーズ

もっと言いたいフレーズ

例「試着してもいいですか？」など

☞「〜はありますか」「〜てもいいですか」　P.135、136

・色違い　(in a) different color　不同顔色　cái khác màu　outra cor
・試着する　try on　試穿　mặc thử　experimentar

3

にちようひん　　くすり　　か
日用品・薬を買う

Buying Daily Necessities & Medicine
购买日用品和药
Mua nhu yếu phẩm/ thuốc
Comprando utensílios do cotidiano e remédios

Hope to

ひび　せいかつ　ひつよう　　　　じぶん　あ　　にちようひん　くすり　か
日々の生活に必要な、自分に合った日用品や薬を買いたい。
けんこう　たも　ほうほう　つた
健康を保つ方法を伝えたい。

I want to buy daily necessities and medicine that I need for everyday life and match my preferences.
I want to tell others ways to stay healthy.

———

想买日常生活中需要而且适合自己的日用品和药。
想告诉对方保持身体健康的方法。

———

Tôi muốn mua nhu yếu phẩm và thuốc phù hợp với mình và cần thiết cho cuộc sống hàng ngày.
Tôi muốn truyền đạt phương pháp bảo vệ sức khỏe.

———

Quero comprar utensílios do cotidiano e remédios que são necessários no dia a dia.
Quero falar sobre formas de cuidar da saúde.

あなたのこと 1

あなたのことを話してみましょう。

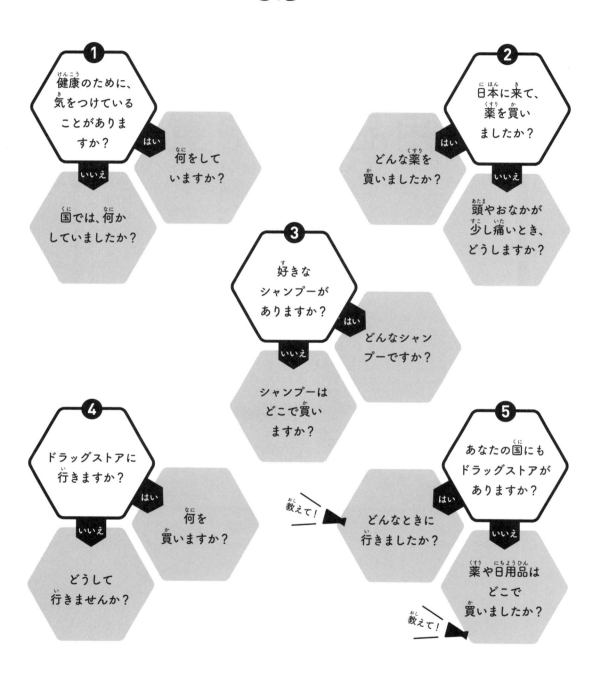

①
健康のために、気をつけていることがありますか？

はい → 何をしていますか？

いいえ → 国では、何かしていましたか？

②
日本に来て、薬を買いましたか？

はい → どんな薬を買いましたか？

いいえ → 頭やおなかが少し痛いとき、どうしますか？

③
好きなシャンプーがありますか？

はい → どんなシャンプーですか？

いいえ → シャンプーはどこで買いますか？

④
ドラッグストアに行きますか？

はい → 何を買いますか？

いいえ → どうして行きませんか？

⑤
あなたの国にもドラッグストアがありますか？

はい → どんなときに行きましたか？　教えて！

いいえ → 薬や日用品はどこで買いましたか？　教えて！

・気をつける　be mindful of　注意。警惕。小心。　cẩn thận　tomar cuidado
・シャンプー　shampoo　洗发水　dầu gội đầu　shampoo
・ドラッグストア　drugstore　药妆店　hiệu thuốc　drogaria

知っていることば・知りたいことば

❶ それぞれ1分_{ぷんかん}間で書_かきましょう。 ✏️

❷ わからないときはパートナーに聞_きいたり、検索_{けんさく}したりしましょう。

風呂場_{ふろば}・洗面所_{せんめんじょ}にある日用品_{にちようひん}

....

....

キッチンにある日用品_{にちようひん}

....

....

薬箱_{くすりばこ}にあるもの

....

....

・風呂場_{ふろば}　bathroom　浴室。洗澡间。　phòng tắm　ofurô
・洗面所_{せんめんじょ}　washroom　盥洗室。洗漱间。　phòng chứa các bồn rửa　banheiro
・キッチン　kitchen　厨房　nhà bếp　cozinha
・薬箱_{くすりばこ}　medicine chest　药箱　tủ thuốc / hộp đựng thuốc　caixa de remédios

あなたのこと 2

「体にいいもの」について、あなたのことをもっと話してみましょう。

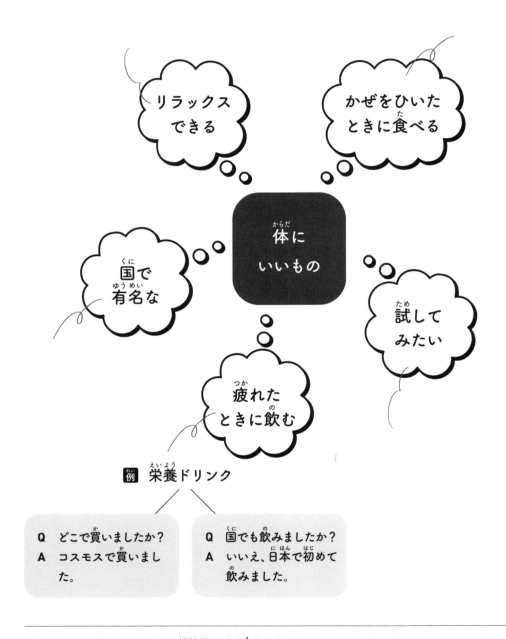

リラックス
できる

かぜをひいた
ときに食べる

体に
いいもの

国で
有名な

試して
みたい

疲れた
ときに飲む

例 栄養ドリンク

Q どこで買いましたか？
A コスモスで買いました。

Q 国でも飲みましたか？
A いいえ、日本で初めて飲みました。

・リラックスできる　can relax　能放松　có thể thư giãn được　conseguir relaxer
・かぜをひく　catch a cold　感冒　bị cảm　pegar resfriado
・試す　try　尝试　thử　experimentar
・疲れる　become tired　累。疲劳。　mệt mỏi　cansar-se
・栄養　nutrition　营养　dinh dưỡng　nutritivo

やりたいこと

ヒントをもとにやりたいことを考えましょう。

HINT!

・自分や家族の健康のために買いたいものがありますか？

> Are there any things you want to buy to help you or your family stay healthy?
> 你有想给家人和自己买的保健用品吗？
> Có thứ gì bạn muốn mua phục vụ cho sức khỏe của bản thân và gia đình không?
> Há algo para a sua saúde ou da sua família que você quer comprar?

・探しているけれど、買えていない日用品や薬がありますか？

> Are there any daily necessities or medicines that you've looked for, but haven't been able to buy?
> 你有在找但是还没有买到的日用品或药吗？
> Có nhu yếu phẩm và thuốc nào mà bạn đang tìm nhưng chưa mua được không?
> Há utensílios do cotidiano ou remédios que você está procurando, mas não consegue comprar?

・自分の美容のために買いたいものがありますか？

> Are there any beauty products you want to buy?
> 你有自己买的美容用品吗？
> Có thứ gì bạn muốn mua phục vụ cho sắc đẹp của mình không?
> Há algo para a sua beleza que você quer comprar?

リュウさん

> 最近、疲れているから、元気になる飲み物が欲しいです。
> 薬ではないほうがいいです。

あなた

・元気　energized　精神。精力。　khỏe　animado

日用品・薬を買うために

❶ やりたいことについての情報を、パートナーに聞きましょう。 🗣🗣

教えてもらったこと

リュウさん

例

日本には栄養ドリンクがある。名前はリポビタンD。あまり高くない。

❷ 次は検索してみましょう。 📱👆

検索キーワード・わかったこと

リュウさん

例

〔検索キーワード〕
栄養ドリンク　人気
疲れる

〔わかったこと〕
・値段:130円〜3,000円
・人気の栄養ドリンク:

　リポビタンD

　チオビタ・ドリンク

・値段　price　价格。价钱。　giá cả　preço

あなたのフレーズ

❶ よく使うフレーズ

栄養ドリンクも
いろいろあるなぁ。
どれが一番いいだろう。

栄養ドリンクの中で
どれが一番おすすめですか？

❷ あなたが言いたいフレーズ

もっと言いたいフレーズ

例 「いつ飲んだらいいですか？」など

☞「〜の中で、どれが一番〜ですか」「〜たらいいですか」 P.136

・いろいろ　various　各种各样　nhiều　vários

4

病院へ行く

Going to the Hospital
去医院
Đi bệnh viện
Ir ao hospital

Hope to

具合が悪いとき、医者に症状をきちんと伝えたい。
自分の希望に合った病院に行きたい。

I want to accurately express my symptoms to the doctor when I'm sick.
I want to go to a hospital that meets my wishes.

———

身体不舒服时，想把症状正确地告诉医生。
想去符合自己心意的医院。

———

Khi mệt mỏi, tôi muốn truyền đạt đầy đủ các triệu chứng cho bác sỹ.
Tôi muốn đi bệnh viện phù hợp với nguyện vọng của mình.

———

Quando sentir mal, quero falar meus sintomas para o médico.
Quero ir a um hospital que corresponda a minhas expectativas.

あなたのこと

あなたのことを話してみましょう。

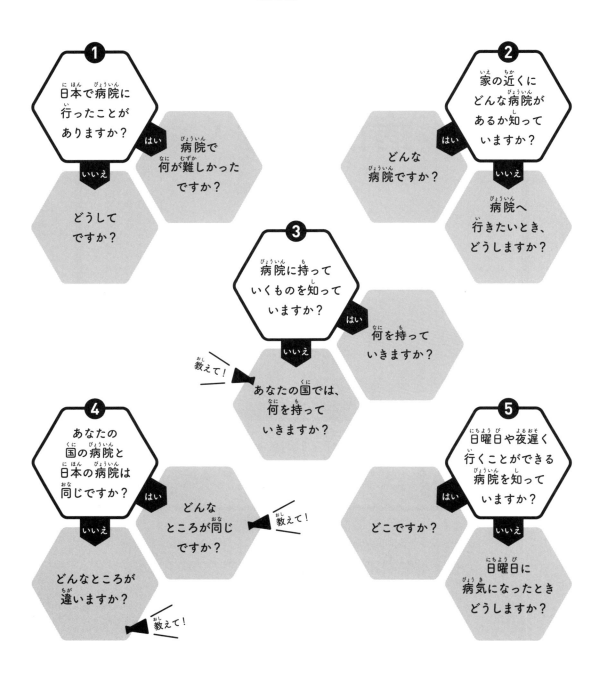

① 日本で病院に行ったことがありますか？
- はい → 病院で何が難しかったですか？
- いいえ → どうしてですか？

② 家の近くにどんな病院があるか知っていますか？
- はい → どんな病院ですか？
- いいえ → 病院へ行きたいとき、どうしますか？

③ 病院に持っていくものを知っていますか？
- はい → 何を持っていきますか？
- いいえ → あなたの国では、何を持っていきますか？ 教えて！

④ あなたの国の病院と日本の病院は同じですか？
- はい → どんなところが同じですか？ 教えて！
- いいえ → どんなところが違いますか？ 教えて！

⑤ 日曜日や夜遅く行くことができる病院を知っていますか？
- はい → どこですか？
- いいえ → 日曜日に病気になったときどうしますか？

- ・難しい　difficult　难。困难。　khó　complicado
- ・持っていく　take　带走。拿上。　mang đi　levar
- ・夜遅く　late at night　深夜。晚上9点至12点左右。　tối muộn　tarde da noite

知っていることば・知りたいことば

❶ それぞれ2分間で書きましょう。✏

❷ わからないときはパートナーに聞いたり、検索したりしましょう。😮◂😮 📱👉

 体の部位

_____

_____

_____

_____

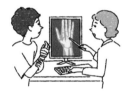 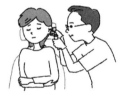

病院の種類（診療科）

_____

_____

_____

・部位　parts　（身体）部位　bộ phận　parte
・診療科　medical departments/clinics　（医院）科室　khoa khám bệnh　especialidades médicas

あなたの健康（けんこう）チェック

☑してください。 ✏

□ 食欲（しょくよく）がありません　　□ 熱（ねつ）があります　　□ おなかが痛（いた）いです
□ のどが痛（いた）いです　　　　　　□ 頭（あたま）が痛（いた）いです　　□ 歯（は）が痛（いた）いです
□ その他（た）（　　　　　　　　　　　　　　　　）　□ 元気（げんき）です

・たばこを吸（す）いますか　　　　□ 吸（す）います　　→　　1日（にち）に（　　　）本（ほん）
　　　　　　　　　　　　　　　　　□ 吸（す）いません

・お酒（さけ）を飲（の）みますか　　□ 飲（の）みます　　→　1週間（しゅうかん）に（　　　）回（かい）
　　　　　　　　　　　　　　　　　□ 飲（の）みません

・今（いま）、飲（の）んでいる薬（くすり）やサプリメントがありますか
　　　　　　　　　　　□ はい　　　　薬（くすり）・サプリメントの名前（なまえ）（　　　　　　　　　　　　　　）
　　　　　　　　　　　□ いいえ

・薬（くすり）や食（た）べ物（もの）でアレルギーがありますか
　　　　　　　　　　　□ はい　　　　薬（くすり）・食（た）べ物（もの）の名前（なまえ）（　　　　　　　　　　　　　）
　　　　　　　　　　　□ いいえ

・食欲（しょくよく）　appetite　食欲　cảm giác muốn ăn　apetite
・その他（た）　other　其他　khác, ngoài ra　outros
・サプリメント　supplements　膳食营养补充剂　viên uống bổ sung dinh dưỡng　suplemento
・アレルギー　allergies　过敏。过敏反应。　dị ứng　alergia

調べたいこと

ヒントをもとに調べたいことを考えましょう。

HINT!

・今、探している病院はありますか？

> Is there a hospital that you're now looking for?
> 你有目前在找的医院吗？
> Có bệnh viện mà bây giờ bạn đang tìm không?
> No momento, está procurando por um hospital?

・病気になったときのために、家の近くの病院を知りたいですか？

> Do you want to know what hospitals are near your home in case you become sick?
> 为生病时考虑, 你想了解你家附近医院的情况吗？
> Bạn có muốn biết bệnh viện ở gần nhà để phòng lúc bị ốm không?
> Quer saber onde tem um hospital perto de sua casa para quando ficar doente?

・あなたの国のことばが使える病院、週末や夜開いている病院を探したいですか？

> Do you want to find a hospital where your language is spoken, or one that is open on the weekend and late at night?
> 你想找一家能用你的母语、而且周末及晚上也接诊的医院吗？
> Bạn có muốn tìm hiểu về bệnh viện có thể sử dụng ngôn ngữ của nước bạn, bệnh viện mở cửa cả cuối tuần và buổi tối không？
> Quer procurar um hospital onde é possível utilizar o idioma do seu país ou que fica aberto nos fins de semana e a noite?

日本へ来てから顔に赤いブツブツができたので、いい病院へ行きたいです。

アイビーさん

あなた

・調べる　look up　查找　tìm hiểu　procurar
・ブツブツができる　get bumps/a rash　长小痘痘。长小疙瘩。　nổi cục, nổi mụn　aparecer bolinhas

病院へ行くために

❶ 調べたいことについての情報を、パートナーに聞きましょう。

教えてもらったこと

アイビーさん

例
皮膚科に行ったほうがいい。
駅の近くに何軒かある。

❷ 次は検索してみましょう。

検索キーワード・わかったこと

アイビーさん

例

［検索キーワード］
皮膚科　京橋駅

［わかったこと］
・名前：どいクリニック
・時間：
　9:30〜12:30
　15:30〜18:30
・休み：
水曜日と土曜日の午後 /
日曜日

・皮膚科　dermatology clinic　皮肤科。皮肤病医院。　khoa da liễu, phòng khám da liễu　dermatologista
・何軒か　several (places)　几家　một vài căn (đếm căn hộ, nhà cửa, phòng khám...)　alguns
・クリニック　clinic　诊所　phòng khám bệnh　clínica

あなたのフレーズ

❶ よく使うフレーズ

どうしましたか？

顔の赤いブツブツを伝えたいなぁ。

顔に赤いブツブツができたんです。

❷ あなたが言いたいフレーズ

どうしましたか？

もっと言いたいフレーズ

例 「昨日からです。」「1週間前からです。」など

☞「〜んです」「〜からです」　P.137

5

災害に備える

Preparing for Disasters
做好防灾准备
Chuẩn bị phòng chống thiên tai
Preparando-se para desastres

防災について基本的な知識を得たい。
災害が起こったとき、安全に避難する方法を知りたい。

I want to know basic information on disasters.
I want to know how to evacuate safely during disasters.

想获得有关防灾的基本知识。
想知道发生灾害时如何安全避难。

Tôi muốn có được kiến thức cơ bản về phòng chống thiên tai.
Tôi muốn biết phương pháp lánh nạn an toàn khi thiên tai xảy ra.

Quero obter conhecimentos básicos sobre prevenção de desastres.
Quero saber formas de evacuar em segurança quando ocorrer um desastre.

あなたのこと

あなたのことを話してみましょう。

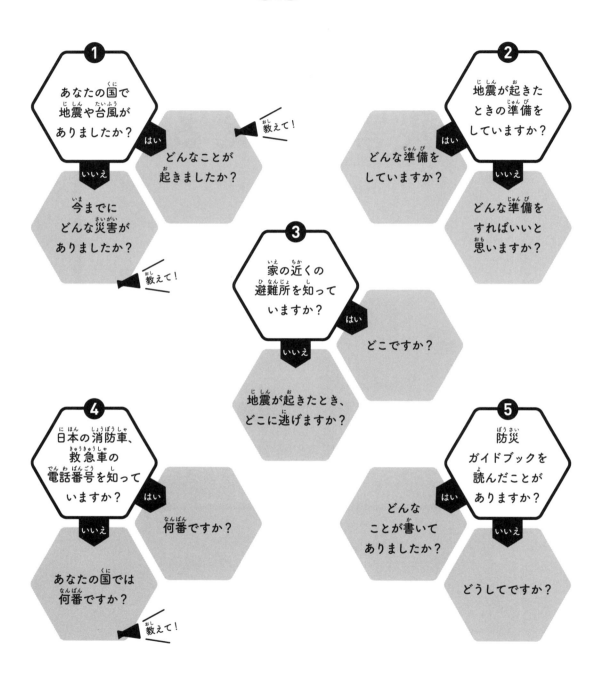

1 あなたの国で地震や台風がありましたか？
はい → どんなことが起きましたか？ 教えて！
いいえ → 今までにどんな災害がありましたか？ 教えて！

2 地震が起きたときの準備をしていますか？
はい → どんな準備をしていますか？
いいえ → どんな準備をすればいいと思いますか？

3 家の近くの避難所を知っていますか？
はい → どこですか？
いいえ → 地震が起きたとき、どこに逃げますか？

4 日本の消防車、救急車の電話番号を知っていますか？
はい → 何番ですか？
いいえ → あなたの国では何番ですか？ 教えて！

5 防災ガイドブックを読んだことがありますか？
はい → どんなことが書いてありましたか？
いいえ → どうしてですか？

・**地震** earthquake 地震 động đất terremoto
・**台風** typhoon 台风 bão tufão
・**避難所** evacuation center/refuge 避难场所 nơi lánh nạn local de refúgio
・**逃げる** escape 逃跑。逃离。 bỏ trốn fugir

知っていることば・知りたいことば

❶ それぞれ2分間で書きましょう。 ✏️

❷ わからないときはパートナーに聞いたり、検索したりしましょう。 😮💬 📱➡️

⬤ 災害

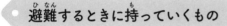

⬤ 避難するときに持っていくもの

防災クイズ

❶ 家にいるときに地震が起きました。まずどうしたらいいですか？

    A：急いで外に出る   **B**：自分の体を守る   **C**：ガスを消す

❷ エレベーターに乗っているときに地震が起きました。どうしたらいいですか？

    A：1階のボタンを押す   **B**：全部の階のボタンを押す   **C**：警察に電話する

❸ 大人1人に必要な水は1日何リットルぐらいですか？

    A：1リットル   **B**：3リットル   **C**：5リットル

❹ 大雨で避難するとき、どの靴をはいたらいいですか？

    A：サンダル   **B**：長靴   **C**：スニーカー

❺ 大雨のときの行動で、正しいのはどれですか？

    A：近くの川の様子を見に行く

    B：近くのビルの地下に避難する

    C：テレビやインターネットでニュースを見る

❻ 外にいるときに雷が鳴り始めました。避難場所として正しくないのはどこですか？

    A：ビルの中   **B**：車の中   **C**：高い木の下

☞答えはP.49

・守る　protect　保护　bảo vệ　proteger
・リットル　liters　升。公升。　lít　litro
・行動　action　行动。行为。　hành động　ações
・様子　state; appearance　情况。情形。　tình hình, dáng vẻ　situação

46

防災のためのフレーズ

❶ よく使うフレーズ

机の下に入って
ください。

川の近くに
行かないほうが
いいですよ。

よく使うフレーズの練習

❷ 役に立つフレーズ

> 例 「逃げろ！」「行くな！」など

☞「～てください／～ないでください」「～ほうがいいです」 P.137、138
「禁止形」 P.131
「命令形」 P.132

・役に立つ　useful　有用　có ích　ser útil

やりたいこと

ヒントをもとにやりたいことを考えましょう。

HINT!

・防災グッズをそろえたいですか？

> Do you want to put together a disaster kit?
>
> 你想准备防灾用品吗？
>
> Bạn có muốn chuẩn bị dụng cụ phòng chống thiên tai không?
>
> Quer deixar preparados os itens de prevenção de desastres?

・防災や災害の情報がわかるウェブサイトを知っていますか？

> Do you know any websites where you can get information on disaster prevention and disasters?
>
> 你知道能了解防灾及有关灾害信息的网站吗？
>
> Bạn có biết trang web nào giúp chúng ta nắm được thông tin về phòng chống thiên tai và thảm họa không?
>
> Conhece um site em que é possível ter acesso às informações de desastres e prevenção?

・職場や学校の近くの避難所を知っていますか？

> Do you know what evacuation centers are near your workplace or school?
>
> 你知道公司或学校附近的避难场所吗？
>
> Bạn có biết nơi lánh nạn nào ở gần chỗ làm việc và trường học không?
>
> Conhece os locais de refúgio próximos do trabalho ou da escola?

リュウさん

> 昨日テレビで見た「防災メール」って外国人も登録できますか？
> もしできたら、したいです。

あなた

・登録できる　can subscribe　能注册　có thể đăng ký được　conseguir registrar

・もし　if　如果。假如。　nếu　se

48

災害に備えるために

❶ やりたいことについての情報を、パートナーに聞きましょう。

教えてもらったこと

リュウさん

例
福岡市では「防災メール」に
登録することができる。

❷ 次は検索してみましょう。 📱👆

検索キーワード・わかったこと

リュウさん

例

［検索キーワード］
防災メール　福岡市東区
外国人

［わかったこと］
・名前:
福岡県防災メールまもる
くん

・できること:
地震、台風、大雨などの情
報がわかる
避難情報がわかる

P.46の答え： ❶B　❷B　❸B　❹C　❺C　❻C

6

目的地へ行く

もくてきち（6　目的地へ行く）

Going to a Destination
去目的地
Đi đến điểm đến
Indo para o ponto de destino

Hope to

自分の行きたい場所を伝えたい。
自分の行きたい場所まで、希望に合う公共交通機関を利用して行きたい。

I want to express the places where I want to go.
I want to use the public transportation of my choice to get to where I want to go.

———

想告诉对方自己想去的地方。
想利用符合自己条件的公共交通工具去想去的地方。

———

Tôi muốn truyền đạt địa điểm mình muốn đi.
Tôi muốn sử dụng phương tiện giao thông công cộng phù hợp với nguyện vọng của mình để đi đến
địa điểm mình muốn đi.

———

Quero falar sobre os lugares para onde quero ir.
Quero utilizar o melhor meio de transporte para ir até o local onde desejo.

あなたのこと

あなたのことを話してみましょう。

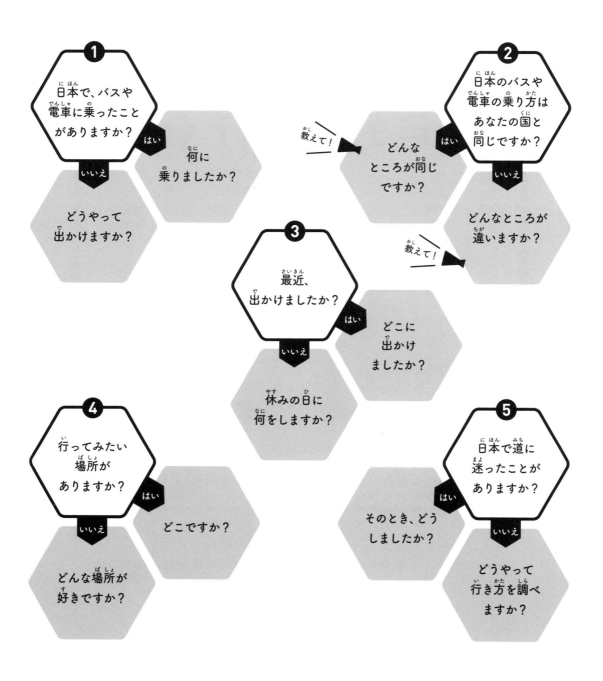

1 日本で、バスや電車に乗ったことがありますか？
- はい → 何に乗りましたか？
- いいえ → どうやって出かけますか？

2 日本のバスや電車の乗り方はあなたの国と同じですか？
- はい → どんなところが同じですか？ 教えて！
- いいえ → どんなところが違いますか？ 教えて！

3 最近、出かけましたか？
- はい → どこに出かけましたか？
- いいえ → 休みの日に何をしますか？

4 行ってみたい場所がありますか？
- はい → どこですか？
- いいえ → どんな場所が好きですか？

5 日本で道に迷ったことがありますか？
- はい → そのとき、どうしましたか？
- いいえ → どうやって行き方を調べますか？

・乗り方　way to ride　乗车方式（怎么坐车）　cách lên tàu, xe　forma de pegar (trem ou ônibus)
・道に迷う　become lost　迷路　lạc đường　perder-se
・行き方　way to get to a destination　行走路线（怎么走）　cách đi　forma de ir

知っていることば・知りたいことば

❶ それぞれ2分間で書きましょう。 ✏️

❷ わからないときはパートナーに聞いたり、検索したりしましょう。 😮‍💨 📱👉

| 乗り物 |   |

・方向　direction　方向　phương hướng　direção
・方角　direction (on map/compass)　方位。方向。　hướng　direção (norte, sul, leste, oeste, etc)

目的地までの行き方

❶ リュウさんは赤坂駅にいます。今は9時30分です。映画館がある公園前駅へ行きたいです。どうやって行ったらいいですか。

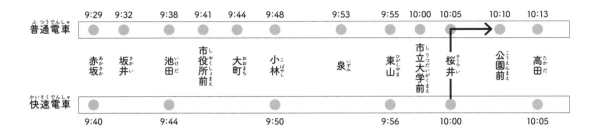

公園前駅への行き方

☞答えはP.57

❷ リュウさんは交番で映画館までの行き方を教えてもらいました。
映画館はA～Dのどこですか？

この道をまっすぐ行って二つ目の信号を左に曲がります。
次の信号を右に曲がると左に映画館があります。

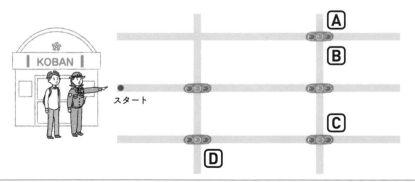

☞答えはP.57

- ・普通電車　local train　每站都停的电车　tàu điện thường　trem comum
- ・快速電車　express train　快车　tàu điện nhanh　trem expresso
- ・交番　police box　警务亭　đồn cảnh sát　posto policial
- ・～目　-st; -nd; -rd; -th (ordinals)　第……个　thứ ~　forma de contagem (primeiro, segundo, terceiro, etc)

調べたいこと

ヒントをもとに調べたいことを考えましょう。

6

目的地へ行く

HINT!

・出かけたいけれど、どうやって行ったらいいかわからないところはありますか？

> Are there any places that you want to go to but don't know how to get there?
> 你有想去、可是不知道怎么去的地方吗？
> Bạn có địa điểm nào muốn đi nhưng không biết phải đi như thế nào không?
> Há lugares para onde você quer sair, mas não sabe como ir?

・よく行く場所で、もっと早い行き方があるか知りたいところはありますか？

> Are there any places you frequently visit that you want to find a quicker way to get there?
> 常去的地方中，你有想知道是否有更快的路径的地方吗？
> Bạn có địa điểm nào thường xuyên đi nhưng muốn biết cách đi đến đó nhanh hơn không?
> Há lugares para onde você vai bastante e quer saber se há formas mais rápidas de chegar?

・行きたいところまで、電車やバスの割引チケットがあるかどうか知りたいですか？

> Do you want to know whether there are any discount tickets for traveling by train or bus to where you want to go?
> 你想知道去你要去的地方是否有电车或汽车的优惠票吗？
> Bạn có muốn biết là có vé tàu và vé xe buýt giảm giá để đi đến địa điểm bạn muốn đi không?
> Quer saber se tem passagens promocionais de trem ou ônibus até o lugar para onde quer ir?

リュウさん

海の中道海浜公園へ行きたいです。
どうやって行ったらいいでしょうか？

あなた

目的地へ行くために

❶ 調べたいことについての情報を、パートナーに聞きましょう。

教えてもらったこと

リュウさん

例
JRが便利。千早駅から香椎駅まで行く。香椎駅で香椎線の西戸崎行きに乗り換えて、海ノ中道駅で降りる。

❷ 次は検索してみましょう。

検索キーワード・わかったこと

リュウさん

例
［検索キーワード］
千早駅　海ノ中道駅　時刻

［わかったこと］
・時刻:
千早駅9:21−香椎駅9:23
香椎駅9:29−海ノ中道駅9:45
・料金:280円

・乗り換える　transfer　换车　đổi tàu (xe)　fazer baldeação
・降りる　get off　下车　xuống　descer
・時刻　time　时间。时刻。　thời gian　tabela de horário

あなたのフレーズ

❶ よく使うフレーズ

海ノ中道駅へ行く電車はどれだろう。

海ノ中道駅へ行きたいんですが、どの電車に乗ったらいいですか？

❷ あなたが言いたいフレーズ

もっと言いたいフレーズ

> 例 「電車とバス、どちらが早いですか？」など

☞「～たいです」「～んですが」「～たらいいですか」「～と～、どちらが～ですか」　P.138、139

P.54の答え：❶ 例 9:40の快速電車に乗って、桜井駅で10:05の普通電車に乗り換えます。 ❷ A

7

住まいを探す

Looking for a Home
找房子
Tìm nhà ở
Procurando moradia

自分の今の部屋について伝えたい。
自分の希望に合う部屋を探せるようになりたい。

I want to describe my current apartment.
I want to be able to look for an apartment that matches my preferences.

———

想告诉对方自己住房的现状。
希望以后自己能寻找符合自己条件的房子。

———

Tôi muốn truyền đạt về căn phòng hiện nay của tôi.
Tôi muốn tìm được căn phòng phù hợp với nguyện vọng của mình.

———

Quero falar sobre minha moradia atual.
Quero conseguir procurar o quarto que desejo.

あなたのこと1

あなたのことを話してみましょう。

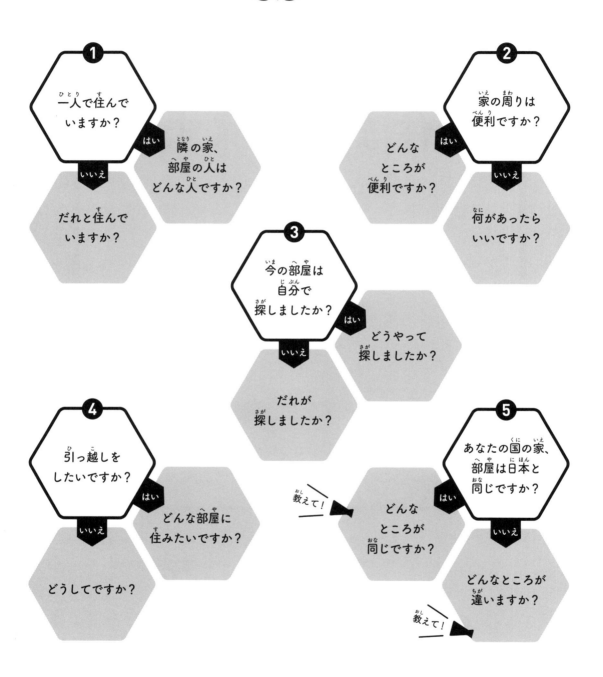

1 一人で住んでいますか？

はい → 隣の家、部屋の人はどんな人ですか？

いいえ → だれと住んでいますか？

2 家の周りは便利ですか？

はい → どんなところが便利ですか？

いいえ → 何があったらいいですか？

3 今の部屋は自分で探しましたか？

はい → どうやって探しましたか？

いいえ → だれが探しましたか？

4 引っ越しをしたいですか？

はい → どんな部屋に住みたいですか？

いいえ → どうしてですか？

5 あなたの国の家、部屋は日本と同じですか？

はい → どんなところが同じですか？ 教えて！

いいえ → どんなところが違いますか？ 教えて！

・隣　next-door　邻居　bên cạnh　do lado
・周り　surrounding area　周围。附近。　xung quanh　ao redor
・引っ越し　moving　搬家　chuyển nhà　mudança

知っていることば・知りたいことば

❶ それぞれ2分間で書きましょう。 ✏️

❷ わからないときはパートナーに聞いたり、検索したりしましょう。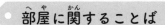

> 部屋に関することば

> 家の周りにあるもの

あなたのこと2

「あなたの部屋」について、もっと話してみましょう。 😊🗨️ ✏️

★あなたの部屋の間取りを書きましょう。

★今の部屋に、どのぐらい満足していますか? 何パーセント満足しているか、グラフにしましょう。

```
0%            50%          100%
┌──────┬──────┬──────┐
│      ┊      ┊      │
└──────┴──────┴──────┘
```
😵 😊

★あなたの部屋のいいところ

★あなたの部屋のよくないところ

・間取り　room layout　房间布局　thiết kế, bố trí　planta do imóvel
・満足する　be satisfied　满意　thỏa mãn　satisfazer-se
・グラフ　graph　曲线图。图表。　đồ thị　gráfico

やりたいこと

ヒントをもとにやりたいことを考えましょう。

HINT!

・どんな部屋がいくらで借りられるか知りたいですか？

> Do you want to know what kind of apartment you can rent for how much?
> 什么样的房子、租金是多少, 你想知道吗？
> Bạn có muốn biết là có thể thuê được phòng như thế nào với giá bao nhiêu không?
> Quer saber que tipo de moradia e por quanto é possível alugar?

・今の部屋から引っ越しをするなら、どんな場所で、どんな部屋を探したいですか？

> If you were to move out of your current apartment, what kind of apartment in what kind of place would you like to find?
> 如果要搬家, 你想在哪儿、找什么样的房子呢？
> Nếu bạn chuyển khỏi phòng bây giờ, bạn muốn tìm phòng như thế nào ở vị trí như thế nào?
> Se for se mudar agora da sua moradia, quer procurar que tipo de lugar e moradia?

・将来、住みたい希望の部屋はありますか？

> Is there a particular type of apartment where you would like to live in the future?
> 你将来想住什么样的房子？
> Có căn phòng theo nguyện vọng mà tương lai bạn muốn sống không?
> Tem alguma moradia que deseja morar no futuro?

ランさん

> これから、一人暮らしをしたいです。
> 伏見駅の近くで3万円ぐらいでどんな部屋があるか知りたいです。

あなた

・一人暮らし　living alone　一个人住。独立生活。　sống một mình　viver sozinho

住まいを探すために

❶ やりたいことについての情報を、パートナーに聞きましょう。

教えてもらったこと

ランさん

例

伏見駅の近くに、不動産屋がある。

❷ 次は検索してみましょう。

検索キーワード・わかったこと

ランさん

例

[検索キーワード]
家賃3万円　伏見駅

[わかったこと]
・伏見駅近くの不動産屋：
　ダイワ不動産
・家賃3万円の部屋の間取
　り：ワンルーム

・不動産屋　real estate agency　房地产公司　công ty môi giới bất động sản　imobiliária
・家賃　rent　房租　tiền thuê nhà　aluguel
・ワンルーム　studio apartment　一居室　căn hộ một phòng (bếp, nhà tắm liền phòng ngủ mà không có vách ngăn)　apartamento de um cômodo

あなたのフレーズ

❶ よく使うフレーズ

どんな部屋を
お探しですか？

駅から近い
部屋があるかなぁ。
家賃も安いほうがいいなぁ。

駅から近くて家賃が安い部屋を
探しているんですが。

❷ あなたが言いたいフレーズ

どんな部屋を
お探しですか？

もっと言いたいフレーズ

> 例 「トイレとお風呂は別々のほうがいいです。」など

☞「〜て〜」「〜んですが」「〜ほうがいいです」　P.140

・別々　separate　分开。不在一起。　riêng rẽ, tách rời　separado

8

ふるさとを紹介する

Introducing Your Hometown
介绍家乡
Giới thiệu về quê hương
Apresentando sua terra natal

Hope to

自分の国や町について紹介したい。

I want to tell people about my country and hometown.

———

想介绍自己的祖国及城市。

———

Tôi muốn giới thiệu về đất nước và thành phố của mình.

———

Quero apresentar meu país e cidade.

あなたのこと1

あなたのことを話してみましょう。 教えて！

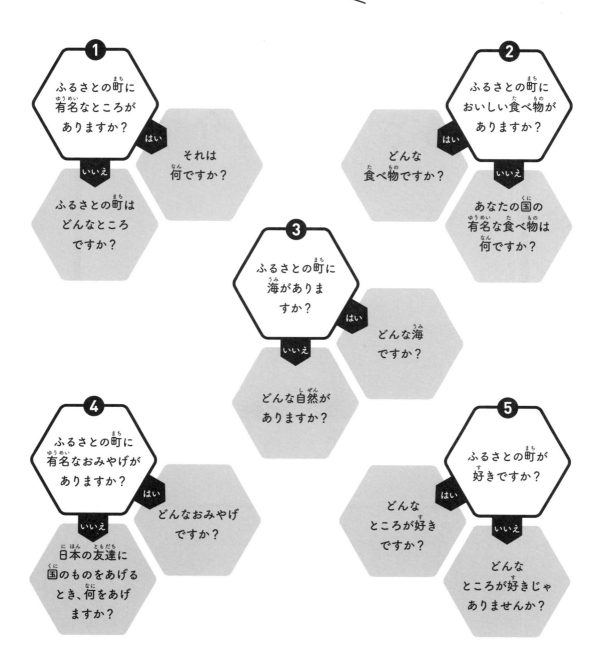

① ふるさとの町に有名なところがありますか？
　　はい → それは何ですか？
　　いいえ → ふるさとの町はどんなところですか？

② ふるさとの町においしい食べ物がありますか？
　　はい → どんな食べ物ですか？
　　いいえ → あなたの国の有名な食べ物は何ですか？

③ ふるさとの町に海がありますか？
　　はい → どんな海ですか？
　　いいえ → どんな自然がありますか？

④ ふるさとの町に有名なおみやげがありますか？
　　はい → どんなおみやげですか？
　　いいえ → 日本の友達に国のものをあげるとき、何をあげますか？

⑤ ふるさとの町が好きですか？
　　はい → どんなところが好きですか？
　　いいえ → どんなところが好きじゃありませんか？

・自然　nature; natural features　自然　tự nhiên　paisagem natural
・おみやげ　souvenir　土特产。礼物。　quà tặng là đặc sản vùng miền　souvenir
・あげる　give　给。赠送。　cho, biếu, tặng　dar

知っていることば・知りたいことば

❶ それぞれ1分間で書きましょう。　✏️

❷ わからないときはパートナーに聞いたり、検索したりしましょう。　💬 📱

○ **自然**

_____

_____

_____

○ **町にあるもの**

_____

_____

_____

○ **町の様子を表すことば**

例 人が多い

_____

_____

_____

・表す　express　表达。说明。　thể hiện　descrever

あなたのこと2

ふるさとの町<ruby>町<rt>まち</rt></ruby>と、今<ruby>今<rt>いま</rt></ruby>住<ruby>住<rt>す</rt></ruby>んでいる町<ruby>町<rt>まち</rt></ruby>にどんなものがありますか？

	ふるさとの<ruby>町<rt>まち</rt></ruby>	<ruby>今<rt>いま</rt></ruby>住<ruby>住<rt>す</rt></ruby>んでいる<ruby>町<rt>まち</rt></ruby>
<ruby>自然<rt>しぜん</rt></ruby>		
<ruby>建物<rt>たてもの</rt></ruby>		
<ruby>食べ物<rt>た もの</rt></ruby>		
お<ruby>祭<rt>まつ</rt></ruby>り		
その<ruby>他<rt>た</rt></ruby>		

・<ruby>建物<rt>たてもの</rt></ruby>　buildings　建筑物。房屋。　tòa nhà　construção
・お<ruby>祭<rt>まつ</rt></ruby>り　festivals　传统活动。祭礼。　lễ hội　festival

あなたのフレーズ

❶ よく使うフレーズ

ふるさとは
どんな町ですか？

私の町は、海が近くて、
海鮮がおいしいです。
それに、星海広場という有名な
公園があります。

❷ あなたが言いたいフレーズ

ふるさとは
どんな町ですか？

もっと言いたいフレーズ

> **例**「星海広場は夜になったら、ライトアップします。」など

☞「〜て〜」「〜という〜があります」「〜たら、〜」 P.141、142

・**海鮮** seafood 海鮮。海产品。 hải sản frutos do mar
・**広場** plaza 广场 quảng trường praça
・**ライトアップ** light up （点亮）夜景灯饰 chiếu sáng iluminação

紹介してみよう

ふるさとの町について、まず、パートナーに質問しましょう。 それから、あなたのことを話しましょう。

ふるさとの町はどこですか？

どんな町ですか？

特に好きなところは
ありますか？

思い出はありますか？

・特に particularly 特別。尤其。 đặc biệt là especialmente
・思い出 memories 回忆。回想。 kỷ niệm lembrança

9

日常について伝える

にち じょう　　　　　　　　　　　つた

Talking about Daily Life
说说日常生活的情况
Truyền đạt về cuộc sống hàng ngày
Falando sobre o cotidiano

Hope to

せい かつ　なか　たい せつ　　　　　　　　　　　　　　　つた
生活の中で大切にしていることを伝えたい。

I want to express the things I value in my daily life.

——

想告诉对方生活中珍视的事物。

——

Tôi muốn truyền đạt về điều mình coi trọng trong cuộc sống.

——

Quero falar sobre o que valorizo no cotidiano.

あなたのこと1

あなたのことを話してみましょう。

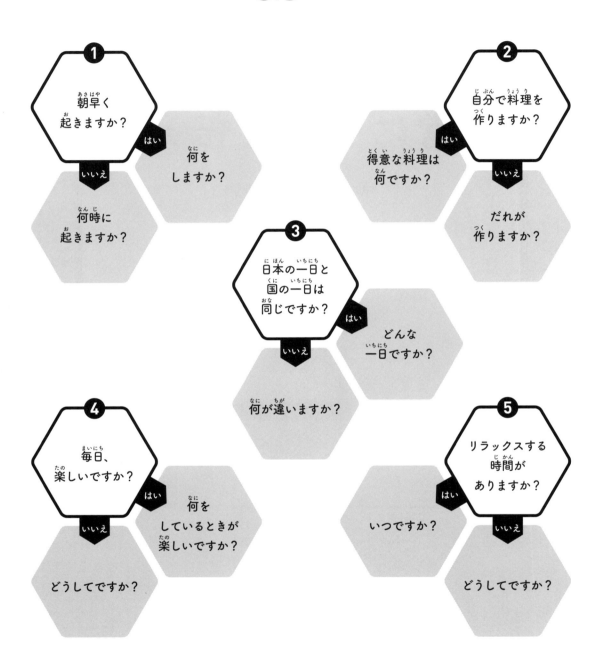

①
朝早く
起きますか？

いいえ
何時に
起きますか？

はい
何を
しますか？

②
自分で料理を
作りますか？

得意な料理は
何ですか？

いいえ
だれが
作りますか？

③
日本の一日と
国の一日は
同じですか？

はい
どんな
一日ですか？

いいえ
何が違いますか？

④
毎日、
楽しいですか？

いいえ
どうしてですか？

はい
何を
しているときが
楽しいですか？

⑤
リラックスする
時間が
ありますか？

はい
いつですか？

いいえ
どうしてですか？

・得意　(be) good at　擅长。拿手。　giỏi　especialidade
・楽しい　fun　愉快。快乐。　vui　divertido

知っていることば・知りたいことば

❶ それぞれ2分間で書きましょう。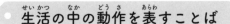

❷ わからないときはパートナーに聞いたり、検索したりしましょう。

> 生活の中の動作を表すことば

> 自分の気持ちを表すことば

- 動作　actions　动作　động tác　ação
- 気持ち　feelings　心情。感觉。　tâm trạng, cảm xúc　sentimento

あなたのこと2

あなたの一日のことを書いてみましょう。

例 休みの日

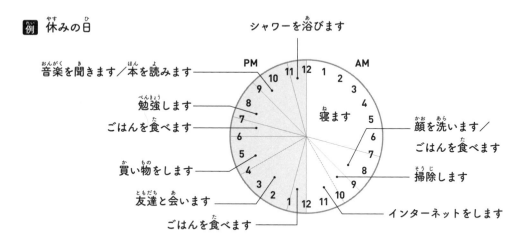

シャワーを浴びます

音楽を聞きます／本を読みます

勉強します

ごはんを食べます

買い物をします

友達と会います

ごはんを食べます

寝ます

顔を洗います／ごはんを食べます

掃除します

インターネットをします

休みじゃない日

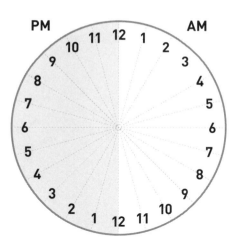

休みの日

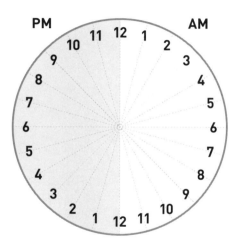

あなたのフレーズ

❶ よく使うフレーズ

日本へ来て、毎日していることがありますか？

毎日、国の家族に電話しています。

❷ あなたが言いたいフレーズ

日本へ来て、毎日していることがありますか？

もっと言いたいフレーズ

例 「料理を自分で作るようになりました。」など

☞「〜ています」「〜ようになりました」 P.142

紹介してみよう

日常について、まず、パートナーに質問しましょう。
それから、あなたのことを話しましょう。

毎日、続けていることは
ありますか？

何をしている時間が
好きですか？

大切にしているのは
どんな時間ですか？

毎日、どんなことで
忙しいですか？

・続ける　continue　継続　tiếp tục　continuar
・忙しい　busy　忙碌。繁忙。　bận rộn　ocupado

10

好きなことを紹介する

Talking about Likes
介绍喜欢的事情
Giới thiệu về thứ mình yêu thích
Apresentando as coisas de que gosto

Hope to

自分の好きなことについて紹介したい。

I want to tell others what things I like.

———

想介绍自己喜欢的事情。

———

Tôi muốn giới thiệu về thứ mình yêu thích.

———

Quero apresentar as coisas de que gosto.

あなたのこと

あなたのことを話してみましょう。

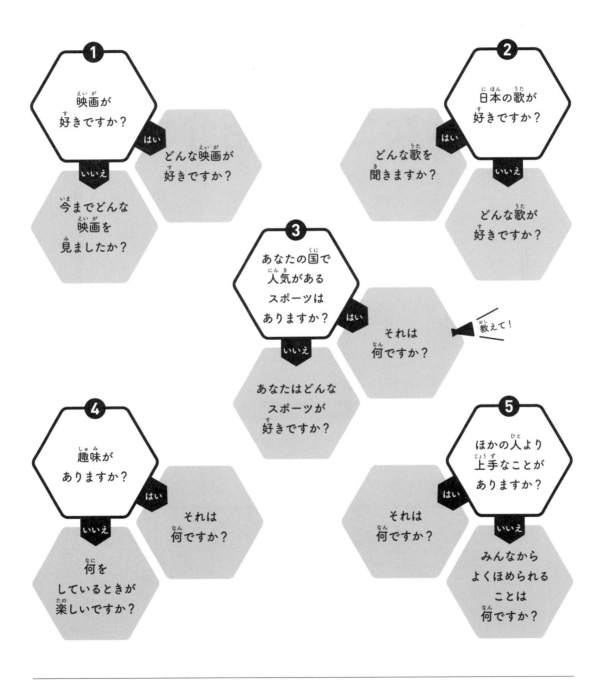

① 映画が好きですか？
- はい → どんな映画が好きですか？
- いいえ → 今までどんな映画を見ましたか？

② 日本の歌が好きですか？
- はい → どんな歌を聞きますか？
- いいえ → どんな歌が好きですか？

③ あなたの国で人気があるスポーツはありますか？
- はい → それは何ですか？ 教えて！
- いいえ → あなたはどんなスポーツが好きですか？

④ 趣味がありますか？
- はい → それは何ですか？
- いいえ → 何をしているときが楽しいですか？

⑤ ほかの人より上手なことがありますか？
- はい → それは何ですか？
- いいえ → みんなからよくほめられることは何ですか？

- **今まで** up to now　至今　đến nay　até agora
- **人気がある** be popular　有人气。受欢迎。　được ưa chuộng　popular
- **趣味** interests　爱好。喜好。　sở thích　hobby
- **ほかの** other　其他的　khác　outro (a)
- **ほめられる** be complimented　受表扬　được khen ngợi　ser elogiado

知っていることば・知りたいことば

❶ それぞれ2分間で書きましょう。✏️

❷ わからないときはパートナーに聞いたり、検索したりしましょう。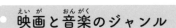

映画と音楽のジャンル

_____ _____

_____ _____

_____ _____

_____ _____

_____ _____

趣味のことば

_____ _____

_____ _____

_____ _____

_____ _____

_____ _____

・ジャンル　genre　种类。类型。　thể loại　gênero

紹介したいこと

ヒントをもとに紹介したいことを考えましょう。

HINT!

・好きで続けていることがありますか？

> Is there anything you like to keep doing?
> 你有喜欢并且一直坚持做的事情吗？
> Có cái gì bạn đang duy trì vì yêu thích không?
> Tem algo de que você gosta e continua fazendo?

・最近、夢中になっていることがありますか？

> Have you recently dreamed of doing something?
> 最近有让你着迷的事情吗？
> Gần đây có cái gì bạn say mê không?
> Tem algo em que você está viciado ultimamente?

・賞をもらったり、ほめられたりしたことがありますか？

> Have you ever received an award or been complimented for something?
> 你获得过什么奖或是受到过表扬吗？
> Bạn đã bao giờ được nhận giải thưởng hay được khen ngợi chưa?
> Já recebeu algum prêmio ou foi elogiado?

ランさん

> K-POP が本当に好きで、ときどきコンサートに行きます。
> そのよさを伝えたいです。

あなた

・K‐POP　K-pop (Korean pop)　韩国流行音乐　nhạc Pop Hàn Quốc　K-POP
・コンサート　concerts　音乐会　buổi hòa nhạc　show
・よさ　good things (about something)　好处。优点。　sự tuyệt vời　lado bom

あなたのフレーズ

❶ よく使うフレーズ

好きなことは
ありますか？

K-POP のコンサートに
行くのが好きです。

❷ あなたが言いたいフレーズ

好きなことは
ありますか？

もっと言いたいフレーズ

> 例 「K-POP のコンサートに行くと、わくわくします。」 など

☞「～のが～」「～と、～」 P.143

・わくわく　excited　欢欣雀跃。兴高采烈。　háo hức　empolgado

紹介してみよう

好きなことについて、まず、パートナーに質問しましょう。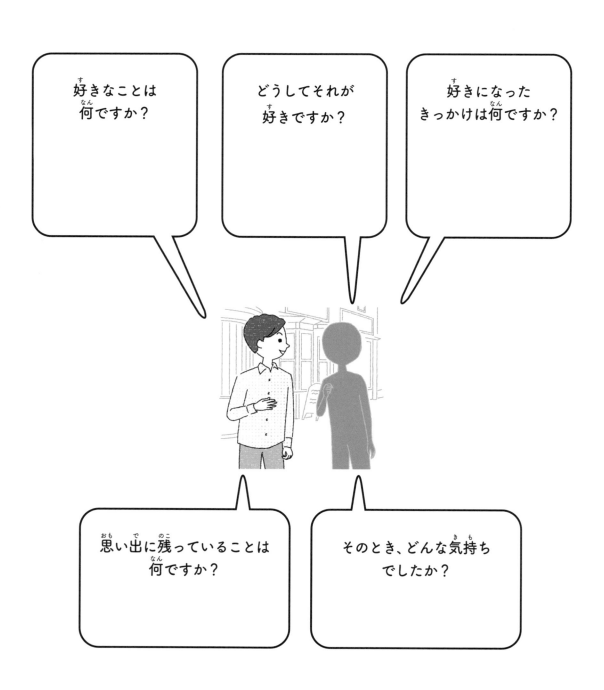
それから、あなたのことを話しましょう。

> 好きなことは
> 何ですか？

> どうしてそれが
> 好きですか？

> 好きになった
> きっかけは何ですか？

> 思い出に残っていることは
> 何ですか？

> そのとき、どんな気持ち
> でしたか？

・きっかけ　motivation/catalyst (for starting something)　契机。开端。　duyên cớ, nhân cơ hội　motivo, razão
・思い出に残る　memorable　难忘的记忆　trở thành kỷ niệm　memorável

11

食事に出かける

Going Out to Eat
出去吃饭
Đi ăn
Saindo para comer

Hope to

料理について自分の好みや食べられないものを伝えたい。
自分の満足できるお店を探し、満足できるものを食べたい。

I want to express my food preferences and dislikes.
I want to find a satisfying restaurant where I can eat satisfying food.

想告诉对方自己的餐饮喜好以及不能吃的东西。
寻找自己满意的餐馆、吃自己想吃的东西。

Tôi muốn truyền đạt món ăn mình thích và món ăn mình không thể ăn được.
Tôi muốn tìm kiếm quán ăn mình có thể hài lòng, để ăn món ăn mình hài lòng được.

Quero falar sobre os pratos de que gosto ou não posso comer.
Quero procurar um restaurante e comer algo que me satisfaça.

あなたのこと 1

あなたのことを話してみましょう。

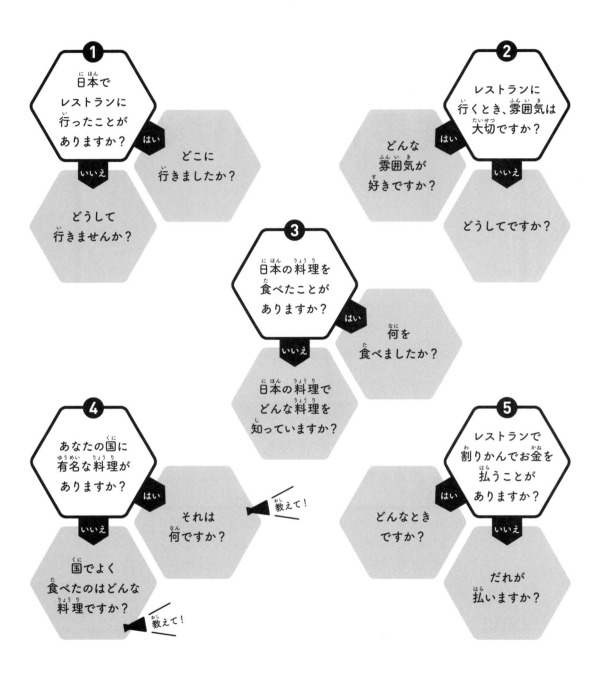

1 日本でレストランに行ったことがありますか？

はい → どこに行きましたか？

いいえ → どうして行きませんか？

2 レストランに行くとき、雰囲気は大切ですか？

はい → どんな雰囲気が好きですか？

いいえ → どうしてですか？

3 日本の料理を食べたことがありますか？

はい → 何を食べましたか？

いいえ → 日本の料理でどんな料理を知っていますか？

4 あなたの国に有名な料理がありますか？

はい → それは何ですか？ 教えて！

いいえ → 国でよく食べたのはどんな料理ですか？ 教えて！

5 レストランで割りかんでお金を払うことがありますか？

はい → どんなときですか？

いいえ → だれが払いますか？

- 雰囲気　atmosphere　气氛　bầu không khí　ambiente
- 割りかん　splitting the bill　AA制。平摊费用。　chia tiền　dividir a conta
- 払う　pay　支付。付款。　thanh toán　pagar

知っていることば・知りたいことば

❶ それぞれ1分間で書きましょう。 ✏️

❷ わからないときはパートナーに聞いたり、検索したりしましょう。 😮〈-〈 📱☞

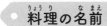

料理の名前

....

....

食器

....

....

味を表すことば

....

....

・食器 tableware　餐具　bát đĩa　louça
・味 flavor; taste　味道。口味。　vị　sabor

あなたのこと2

「料理」について、あなたのことをもっと話してみましょう。

食べて
みたい

レストラン
で食べる

よく食べる

料理

食べられ
ない

好きな

例 牛丼

Q どこで食べましたか?
A 吉野家です。

Q 自分で作れますか?
A いいえ、作れません。

・牛丼　*gyudon* (bowl of rice topped with beef)　日式牛肉盖饭　cơm thịt bò　gyudon

やりたいこと

ヒントをもとにやりたいことを考えましょう。

HINT!

・日本であなたの国の料理が食べられるお店を知っていますか？

> Do you know of any restaurants in Japan that serve your country's food?
> 你知道日本什么地方有能吃到中国菜的餐厅吗？
> Bạn có biết nhà hàng nào ở Nhật Bản có thể ăn được món ăn của nước bạn không?
> Conhece restaurantes no Japão onde é possível comer comidas do seu país?

・食べに行ってみたい日本の料理はありますか？

> Are there any Japanese foods that you would like to go out to eat?
> 你有想去品尝的日本菜吗？
> Có món ăn Nhật Bản nào bạn muốn đi ăn thử không?
> Tem alguma comida japonesa que você quer ir experimentar?

・探したいと思っているお店はありますか？

> Are there any restaurants that you want to look for?
> 你有想找的餐馆吗？
> Có nhà hàng nào bạn đang muốn tìm kiếm không?
> Tem algum restaurante que você quer procurar?

リュウさん

> 仙台駅の近くで、友達と本場のベトナム料理を食べたいです。

あなた

・本場　authentic　地道。真正的。　thật sự, chuẩn　autêntico (a)

食事に出かけるために

❶ やりたいことについての情報を、パートナーに聞きましょう。

> **教えてもらったこと**
>
> ....
>
> ....
>
> ....

リュウさん

例
仙台駅の近くに、有名なベトナム料理のお店が何軒かある。

❷ 次は検索してみましょう。

> **検索キーワード・わかったこと**
>
> ....
>
> ....
>
> ....
>
> ....
>
> ....
>
> ....

リュウさん

例
〔検索キーワード〕
仙台駅　ベトナム料理
本場

〔わかったこと〕
名前：カムオン
場所：仙台駅から徒歩13分
時間：17:00〜22:00
　　　（ラストオーダー21:00）
休み：月曜日
予算：2,000〜3,000円

・ラストオーダー　last call (for orders)　最后点单（点餐）　đơn cuối　último pedido
・予算　budget　预算　ngân sách　orçamento

あなたのフレーズ

❶ よく使うフレーズ

> バインセオを
> 食べてみたいなぁ。
> でも豚肉が食べられないし、
> 味がわからないなぁ。

> これは、どんな料理ですか？
> 豚肉は入っていますか？

❷ あなたが言いたいフレーズ

もっと言いたいフレーズ

> 例 「取り皿をお願いします。」など

☞「どんな〜ですか」「〜をお願いします」 P.143、144

- 豚肉　pork　猪肉　thịt lợn　carne de porco
- 入っている　have (in it)　里面有　có　ter
- 取り皿　extra plate　小碟子　đĩa chia đồ ăn　pratinho

12

旅行を楽しむ

Enjoying Traveling
享受旅游乐趣
Tận hưởng chuyến du lịch
Curtindo a viagem

Hope to

これまでの旅行で印象に残っていることを話したい。
行きたい旅行先を考え、旅行先ですることを考えたい。

I want to talk about special memories of my past travels.
I want to think about what to do at the places I want to visit.

———

想述说至今为止的旅游中印象最深的事情。
考虑自己在想去旅游的目的地干什么。

———

Tôi muốn nói chuyện về những điều tôi ấn tượng đối với những chuyến du lịch từ trước đến nay.
Tôi muốn suy nghĩ về việc mình sẽ làm gì ở điểm du lịch mà mình muốn đi.

———

Quero falar sobre as viagens marcantes que fiz até hoje.
Quero pensar sobre o que fazer nos lugares para os quais quero viajar.

あなたのこと1

あなたのことを話してみましょう。

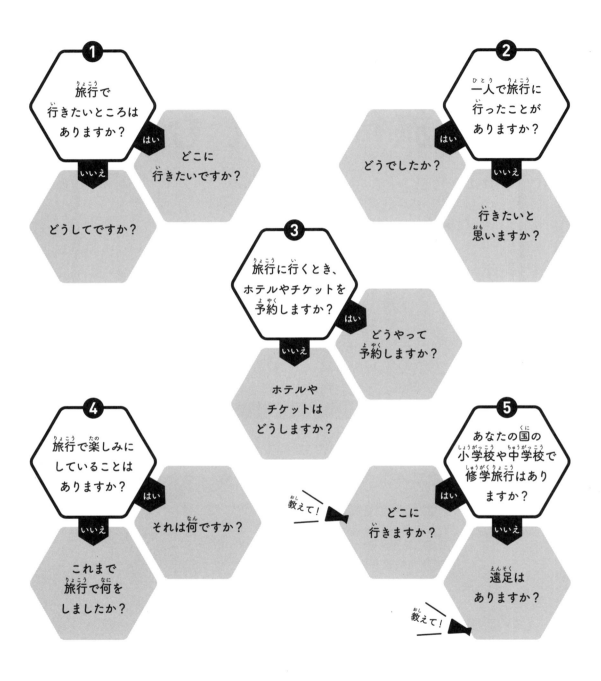

1 旅行で行きたいところはありますか？
　はい → どこに行きたいですか？
　いいえ → どうしてですか？

2 一人で旅行に行ったことがありますか？
　はい → どうでしたか？
　いいえ → 行きたいと思いますか？

3 旅行に行くとき、ホテルやチケットを予約しますか？
　はい → どうやって予約しますか？
　いいえ → ホテルやチケットはどうしますか？

4 旅行で楽しみにしていることはありますか？
　はい → それは何ですか？
　いいえ → これまで旅行で何をしましたか？

5 あなたの国の小学校や中学校で修学旅行はありますか？
　はい → どこに行きますか？ 教えて！
　いいえ → 遠足はありますか？ 教えて！

- 予約　reservation　预约　sự hẹn trước, sự đặt trước　reserva
- 修学旅行　school trip　修学旅行　tham quan theo nhà trường　viagem escolar
- 遠足　excursion　郊游　chuyến tham quan/ dã ngoại　excursão escolar

知っていることば・知りたいことば

❶ それぞれ2分間で書きましょう。✏️

❷ わからないときはパートナーに聞いたり、検索したりしましょう。😮<😮 📱👆

🏷️ 観光地

例 北海道	東京ディズニーランド

🏷️ 旅行先ですること

・観光地　sightseeing destination　旅游景点　điểm du lịch　ponto turístico

あなたのこと2

今までの旅行について、もっと話してみましょう。

旅行について

いつ？

何をした？

どこへ？

だれと？

どうだった？

やりたいこと

ヒントをもとにやりたいことを考えましょう。

HINT!

・人気の旅行先や、そこで何ができるか知りたいですか？

> Do you want to know what activities can be enjoyed at popular travel destinations?
> 你想知道有人气的景点以及在那里能干什么吗？
> Bạn có muốn biết về những địa chỉ du lịch được ưa chuộng và những gì có thể làm được ở đó không?
> Quer saber de lugares populares como destino de viagem e o que é possível fazer neles?

・行きたい旅行先で、やりたいことはありますか？

> Is there anything that you would like to do at a travel destination you want to visit?
> 去你想去的旅游景点时，你都想干什么呢？
> Có việc gì bạn muốn làm ở địa chỉ du lịch mà bạn muốn đi hay không?
> Tem algo que queira fazer em um destino de viagem para o qual você quer ir?

・安くて日帰りで行ける旅行先を知りたいですか？

> Do you want to find out some cheap one-day travel destinations?
> 你想知道费用便宜而且能当天往返的旅游景点吗？
> Bạn có muốn biết về địa chỉ du lịch vừa rẻ lại vừa đi về được trong ngày hay không?
> Quer saber sobre um destino de viagem barata e que é possível ir em 1 dia?

> 友達が「神戸ルミナリエのイルミネーションがきれいだった」
> と言っていました。いつか恋人と行って、写真を撮りたいです。

アイビーさん

あなた

・イルミネーション　illumination　彩灯。夜景照明。　ánh đèn　iluminação
・いつか　someday　(将来)有一天　một lúc nào đó　um dia

旅行を楽しむために

❶ やりたいことについての情報を、パートナーに聞きましょう。 😊＜😊

教えてもらったこと
....
....
....
....

アイビーさん

例
神戸ルミナリエは冬にやっている。会場には元町駅から歩いて行くことができる。

❷ 次は検索してみましょう。 👆

検索キーワード・わかったこと
....
....
....
....
....
....
....
....
....

アイビーさん

例
［検索キーワード］
神戸ルミナリエ

［わかったこと］
・イルミネーション：
12月5日〜12日
・入場は無料

・**会場** venue　会场　hội trường　local
・**入場** admission　入场　vào cửa　entrada
・**無料** free　免费。不收费。　miễn phí　gratuito (a)

あなたのフレーズ

❶ よく使うフレーズ

ホテルからイルミネーション会場までの道を知りたいなぁ。

あのう、イルミネーション会場までの道を教えていただけませんか？

❷ あなたが言いたいフレーズ

もっと言いたいフレーズ

例 「イルミネーションの近くのレストランで、おすすめはありますか？」など

☞「〜ていただけませんか」 P.144

12

旅行を楽しむ

13

髪を切りに行く

Going to Get a Haircut
去剪头发
Đi cắt tóc
Indo cortar o cabelo

Hope to

希望に合った美容室・床屋を探したい。
自分の思い通りの髪型になるように希望を伝えたい。

I want to find a beauty salon or barbershop that's right for me.
I want to communicate the type of hairstyle that I want.

想找一家称心的美发店·理发店。
想告诉对方你的要求，以便剪出你想要的发型。

Tôi muốn tìm kiếm những Spa / hiệu cắt tóc phù hợp với mong muốn của bản thân mình.
Tôi muốn truyền đạt để có được kiểu tóc đúng như mong muốn của mình.

Quero procurar um salão de beleza ou uma barbearia que se encaixa nas minhas preferências.
Quero falar exatamente como desejo o meu corte de cabelo.

あなたのこと1

あなたのことを話してみましょう。

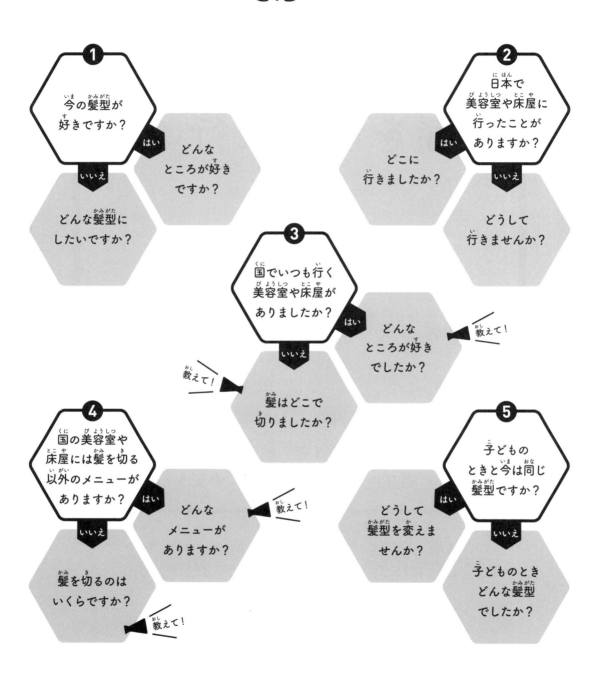

1 今の髪型が好きですか？
- はい → どんなところが好きですか？
- いいえ → どんな髪型にしたいですか？

2 日本で美容室や床屋に行ったことがありますか？
- はい → どこに行きましたか？
- いいえ → どうして行きませんか？

3 国でいつも行く美容室や床屋がありましたか？
- はい → どんなところが好きでしたか？　教えて！
- いいえ → 髪はどこで切りましたか？　教えて！

4 国の美容室や床屋には髪を切る以外のメニューがありますか？
- はい → どんなメニューがありますか？　教えて！
- いいえ → 髪を切るのはいくらですか？　教えて！

5 子どものときと今は同じ髪型ですか？
- はい → どうして髪型を変えませんか？
- いいえ → 子どものときどんな髪型でしたか？

- 〜以外　other than 〜　除了……外　ngoài ra, 〜 khác　além de
- 変える　change　改变。换。　thay đổi　mudar

知っていることば・知りたいことば

❶ それぞれ2分間で書きましょう。✏️

❷ わからないときはパートナーに聞いたり、検索したりしましょう。😮‍💨 📱👆

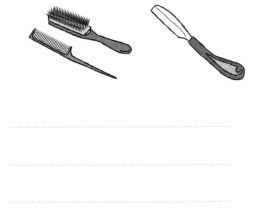

○ 美容室・床屋にあるもの

○ 美容室・床屋ですること

あなたのこと2

❶ どんな髪型にしたいですか。イラストにしましょう。 ✏️ 📱👆
好きな髪型を検索してもいいです。

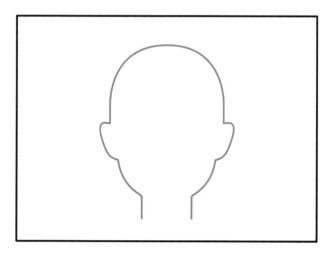

❷ 髪型の希望についてメモしましょう。 ✏️

ヘアスタイル　メモ

カラー　□ する　→　どんな色？
　　　　　...
　　　　□ しない

カット　□ する　→　どこを切る？
　　　　　...
　　　　　　　　　　どのぐらい切る？
　　　　　...
　　　　□ しない

パーマ　□ かける　→　どんなふうにかける？
　　　　　　　　　　ストレート ・ ふわふわ ・ くるくる
　　　　　...
　　　　□ かけない

その他　...

・パーマをかける　get a perm　烫发　làm tóc xoăn　fazer permanente
・ストレート　straight　直发　làm thẳng, duỗi thẳng　liso
・ふわふわ　fluffy　蓬松。松软。　bồng bềnh　levemente ondulado
・くるくる　curly　小卷烫发　xoăn xoăn　cacheado

あなたのフレーズ

❶ よく使うフレーズ

暑くなったから、短いほうがいいなぁ。色は、今より明るい色にしたいなぁ。

全体的に短くしてください。色は、明るい色にしてください。

❷ あなたが言いたいフレーズ

13 髪を切りに行く

もっと言いたいフレーズ

例 「もう少し短くしてください。」など

☞「～く／にしてください」 P.145

・明るい　bright　亮。明亮。　sáng　claro (a)
・全体的に　all around　整体上。整个。　một cách tổng thể　todo

やりたいこと

ヒントをもとにやりたいことを考えましょう。

HINT!

・閉店時間や料金が自分の希望に合う美容室や床屋を見つけたいですか？

> Do you want to find a beauty salon or barbershop with a closing time and rates that fit your needs?
> 你想找一家关门时间及价格符合自己要求的美发店或理发店吗？
> Bạn có muốn tìm thấy Spa và hiệu cắt tóc có thời gian đóng cửa và giá tiền phù hợp với nguyện vọng của mình không?
> Quer encontrar um salão de beleza ou uma barbearia com horário de funcionamento e preço de acordo com suas preferências?

・女の人（男の人）が切ってくれる美容室や床屋を見つけたいですか？

> Do you want to find a beauty salon or barbershop where you can have a woman (or man) cut your hair?
> 你想找女（男）理发师能给你剪发的美发店或理发店吗？
> Bạn có muốn tìm thấy Spa và hiệu cắt tóc mà nhân viên nữ (nhân viên nam) cắt không?
> Quer encontrar um salão de beleza ou uma barbearia em que uma mulher (um homem) corte seu cabelo?

・家の近くにある美容室や床屋を見つけたいですか？

> Do you want to find a beauty salon or barbershop near your home?
> 你想找你家附近的美发店或理发店吗？
> Bạn có muốn tìm thấy Spa và hiệu cắt tóc ở gần nhà không?
> Quer encontrar um salão de beleza ou uma barbearia perto da sua casa?

ランさん

> 駅の近くで、夜遅くまで開いている美容室があったら知りたいです。

あなた

髪を切りに行くために

❶ やりたいことについての情報を、パートナーに聞きましょう。

教えてもらったこと

ランさん

例

日本橋駅の近くに、夜10時ごろまで開いている美容室がある。

❷ 次は検索してみましょう。

検索キーワード・わかったこと

ランさん

例

〔検索キーワード〕
日本橋駅近く　美容室
夜遅く

〔わかったこと〕
・店名:マロン
・場所:
　日本橋駅から徒歩3分
・時間:最終受け付けは21:00

・〜ごろ　around 〜　（大概的时间）左右　khoảng 〜　por volta de 〜
・徒歩　on foot　徒歩。走路。　sự đi bộ　caminhando
・最終　last　最终。最后。　cuối cùng　último
・受け付け　reception　接受。接纳。　sự tiếp đón　atendimento

14

社会のルール・マナーを知る
しゃかい　　　　　　　　　　　　　　　し

Learning Social Rules & Etiquette
了解社会规则・礼节
Hiểu biết về quy tắc, luật lệ trong xã hội
Conhecendo as regras e etiquetas sociais

Hope to

日本社会のルールやマナーを理解して、気持ちよく生活したい。
にほんしゃかい　　　　　　　　　　　りかい　　　　　きも　　　　せいかつ

I want to understand the rules and etiquette of Japanese society so that
I can I experience a pleasant life in Japan.

———

了解日本社会的规则和礼节，以便舒心生活。

———

Tôi muốn lý giải về các quy tắc, phép ứng xử trong xã hội Nhật Bản,
để sống một cách dễ chịu.

———

Quero entender as regras e etiquetas da sociedade japonesa e ter uma
vida tranquila.

あなたのこと1

あなたのことを話してみましょう。

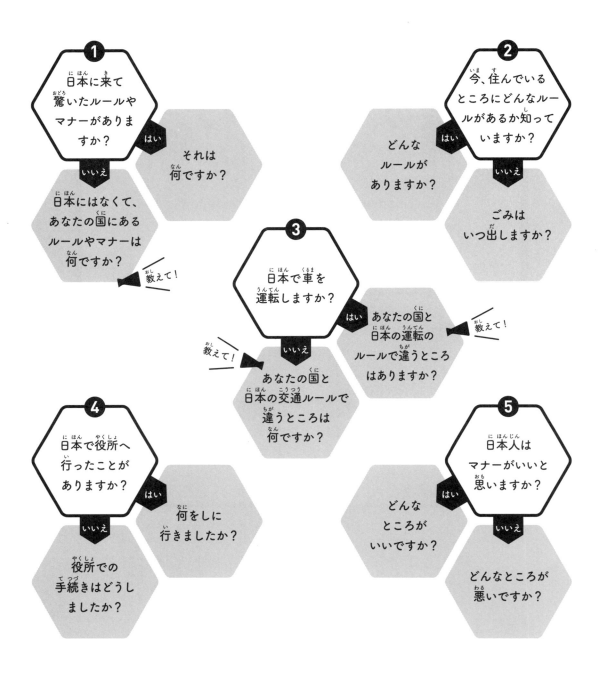

① 日本に来て驚いたルールやマナーがありますか？
はい → それは何ですか？
いいえ → 日本にはなくて、あなたの国にあるルールやマナーは何ですか？ 教えて！

② 今、住んでいるところにどんなルールがあるか知っていますか？
はい → どんなルールがありますか？
いいえ → ごみはいつ出しますか？

③ 日本で車を運転しますか？
はい → あなたの国と日本の運転のルールで違うところはありますか？ 教えて！
いいえ → あなたの国と日本の交通ルールで違うところは何ですか？ 教えて！

④ 日本で役所へ行ったことがありますか？
はい → 何をしに行きましたか？
いいえ → 役所での手続きはどうしましたか？

⑤ 日本人はマナーがいいと思いますか？
はい → どんなところがいいですか？
いいえ → どんなところが悪いですか？

- 驚く　be surprised　吃惊。惊讶。　ngạc nhiên　se surpreender
- 運転　driving　开车　việc lái xe　dirigir
- 役所　government office　市政厅。政府机构。　tòa thị chính　órgão governamental
- 手続き　procedure　手续　thủ tục　procedimento

知っていることば・知りたいことば

❶ それぞれ2分間で書きましょう。✏️

❷ わからないときはパートナーに聞いたり、検索したりしましょう。

学校や職場のルール

> 例 9時までに会社に行きます

・
・
・

親や先生が教えてくれたマナー

> 例 近所の人にあいさつをします

・
・
・

・近所　neighborhood　邻居。附近居民。　hàng xóm　vizinhança
・あいさつ　greeting　打招呼　chào, chào hỏi　cumprimento, saudação

あなたのこと 2

ルールやマナーについて、あなたの国と日本を比べましょう。

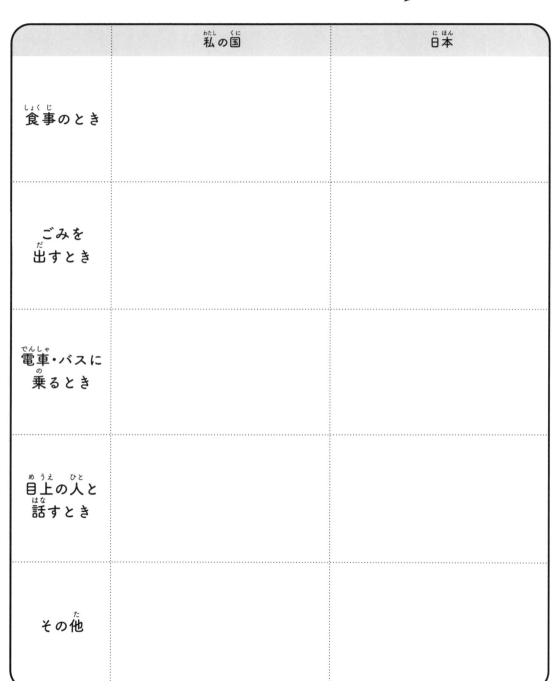

	私の国	日本
食事のとき		
ごみを出すとき		
電車・バスに乗るとき		
目上の人と話すとき		
その他		

・比べる　compare　比较　so sánh　comparar
・目上の人　superior (person with higher rank, status, etc.)　上司。长辈。　người bề trên　superiores (pessoas acima na hierarquia)

調べたいこと

ヒントをもとに調べたいことを考えましょう。

HINT!

・日本人の家に行くときのマナーを知りたいですか？

> Do you want to know the etiquette for when visiting Japanese people's homes?
> 你想了解去日本人家做客时的礼节吗？
> Bạn có muốn biết quy tắc ứng xử khi đi đến nhà người Nhật không?
> Quer saber as regras de etiqueta para quando for na casa de um japonês?

・日本人の時間のマナーについて知りたいですか？

> Do you want to know the Japanese etiquette for punctuality?
> 你想了解日本人有关时间的常识吗？
> Bạn có muốn biết quy tắc ứng xử về thời gian của người Nhật không?
> Quer saber as regras de etiqueta dos japoneses em relação a horário?

・日本社会のルールやマナーで知りたいことがありますか？

> Is there something in particular that you want to know about Japanese social rules and etiquette?
> 日本社会的规则或礼节中，你想了解些什么呢？
> Trong những luật lệ, quy tắc ứng xử của xã hội Nhật Bản có điều gì bạn muốn biết không?
> Tem algo que queira saber sobre as regras e etiqueta da sociedade japonesa?

リュウさん

> 日本人の友達から、自転車に乗るとき、たくさんルールがあると聞いたけれど、どんなルールがあるか知りたいです。

あなた

社会のルール・マナーを知るために

❶ 調べたいことについての情報を、パートナーに聞きましょう。

教えてもらったこと

リュウさん

例

お酒を飲んでから自転車に乗ってはいけない。

❷ 次は検索してみましょう。

検索キーワード・わかったこと

リュウさん

例

〔検索キーワード〕
自転車　ルール

〔わかったこと〕
・二人乗りしてはいけない
・夜、ライトをつけなければいけない
・自転車保険に入ったほうがいい

・二人乗り　riding tandem (on single-seat bicycle)　骑车带人　đi xe 2 người　duas pessoas na bicicleta
・ライトをつける　turn on the headlight　开车灯　bật đèn　ligar o farol
・保険に入る　get insurance　（自行车）上保险　tham gia bảo hiểm　entrar no seguro

あなたのフレーズ

❶ よく使うフレーズ

自転車保険に入った
ほうがいいと聞いたけど、
どうやって入るんだろう。

あのう、自転車保険の入り方を
知りたいんですが……。

❷ あなたが言いたいフレーズ

もっと言いたいフレーズ

> 例 「駅前に自転車をとめてもいいですか？」など

☞「〜んですが」「〜てもいいですか」　P.145、146

15

メッセージを送る

Sending Messages
发信息
Gửi tin nhắn
Mandando mensagem

Hope to

お礼やお祝いなど、自分の気持ちをメールや手紙で伝えたい。
季節のあいさつをしたい。

I want to convey thanks, congratulations, and other feelings by email or letters.
I want to give seasonal greetings.

———

想发送邮件或写信表达自己的谢意或是表示祝贺。
想表达时令问候。

———

Tôi muốn truyền đạt cảm xúc của mình chẳng hạn như lòng biết ơn và lời chúc mừng.
Tôi muốn nói lời chào theo mùa.

———

Quero transmitir meu sentimento de gratidão ou felicitação em e-mails e cartas.
Quero cumprimentar os outros de forma apropriada a estação de ano.

あなたのこと1

あなたのことを話してみましょう。

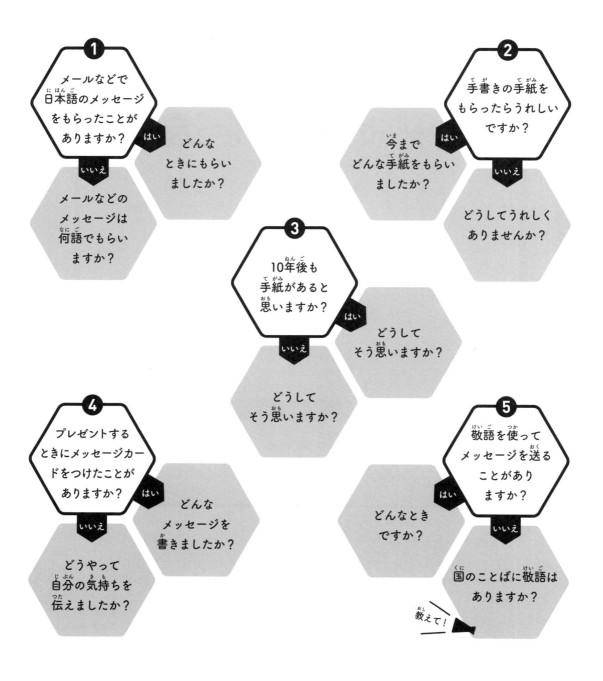

① メールなどで日本語のメッセージをもらったことがありますか？

はい → どんなときにもらいましたか？

いいえ → メールなどのメッセージは何語でもらいますか？

② 手書きの手紙をもらったらうれしいですか？

はい → 今までどんな手紙をもらいましたか？

いいえ → どうしてうれしくありませんか？

③ 10年後も手紙があると思いますか？

はい → どうしてそう思いますか？

いいえ → どうしてそう思いますか？

④ プレゼントするときにメッセージカードをつけたことがありますか？

はい → どんなメッセージを書きましたか？

いいえ → どうやって自分の気持ちを伝えましたか？

⑤ 敬語を使ってメッセージを送ることがありますか？

はい → どんなときですか？

いいえ → 国のことばに敬語はありますか？

教えて！

・もらう　receive　要。收到。　nhận　receber
・手書き　handwritten　手写　sự viết tay　escrita à mão
・敬語　honorific language　敬语。敬辞。　kính ngữ　linguagem de tratamento

知っていることば・知りたいことば

❶ それぞれ2分間で書きましょう。 🖊

❷ わからないときはパートナーに聞いたり、検索したりしましょう。

> ● あいさつ

例 ありがとうございます　　　　　　　　　　　よろしくおねがいします

_____　　　_____

_____　　　_____

_____　　　_____

_____　　　_____

> ● 特別なメッセージを送るとき

_____　　　_____

_____　　　_____

_____　　　_____

_____　　　_____

・特別な　special　特別的。　đặc biệt　especial

あなたのこと2

メッセージを送ることについて、もっと話してみましょう。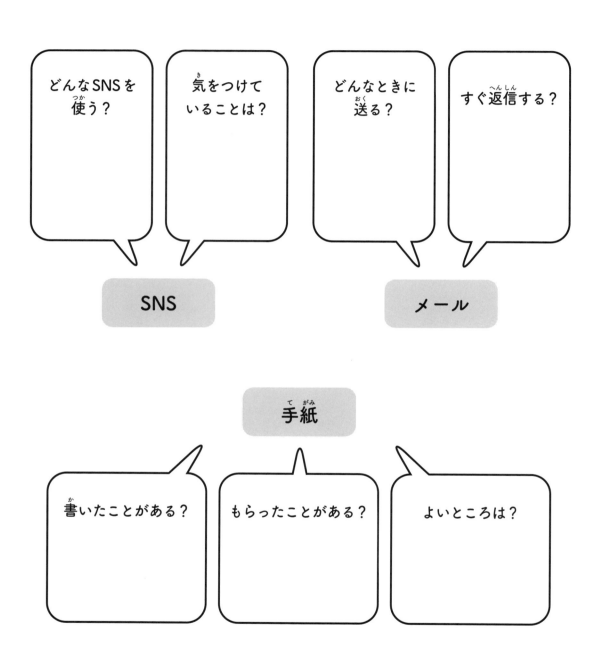

どんなSNSを使う？

気をつけていることは？

SNS

どんなときに送る？

すぐ返信する？

メール

手紙

書いたことがある？

もらったことがある？

よいところは？

・SNS　social media　社交网络（网站）　mạng xã hội　redes sociais
・返信　reply　回复　sự hồi âm　resposta

やりたいこと

ヒントをもとにやりたいことを考えましょう。

HINT!

・年賀状や暑中見舞いなど、日本の手紙の習慣を知りたいですか？

> Do you want to learn Japanese customs for writing letters and cards like New Year's greetings or midsummer greetings?
>
> 你想了解贺年卡及暑期问候卡等日本的书信习惯吗？
>
> Bạn có muốn biết phong tục về thư từ của Nhật Bản, như thiệp chúc đầu năm và thư thăm hỏi vào mùa hè không?
>
> Quer saber sobre o costume dos japoneses de enviar cartões de Ano Novo, no verão, etc?

・手紙を書くときの、季節のあいさつや最後に書くことばなどを知りたいですか？

> Do you want to learn expressions used to write letters, such as seasonal greetings or closing words?
>
> 你想知道写信时用的时令问候语以及结束语吗？
>
> Bạn có muốn biết những lời chào theo mùa và những lời cuối thư khi viết thư không?
>
> Quer saber as palavras usadas quando se escreve uma carta, como saudações em cada estação do ano e no final do texto?

・今、手紙やメールなどでお礼を伝えたいことはありますか？

> Is there anything now for which you'd like to express your thanks with a letter, email, etc.?
>
> 你现在有想通过写信或发送邮件来表达谢意的事情吗？
>
> Bây giờ bạn có việc gì muốn truyền đạt lời cảm ơn qua thư và email không?
>
> Tem algum agradecimento que queira transmitir por carta ou e-mail?

アイビーさん

> この前、会社の社長に夕食をごちそうしてもらいました。
> お礼のメールをしたいです。

あなた

・この前　the other day　前几天　trước đây　no outro dia
・社長　company president　总经理。总裁。　giám đốc　presidente (da empresa)
・ごちそうする　treat (someone to a meal)　请客。请人吃饭。　khao, chiêu đãi　convidar para comer

メッセージを送るために

❶ やりたいことについての情報を、パートナーに聞きましょう。

教えてもらったこと

アイビーさん

例
丁寧なことばで書いたほうがいい。

❷ 次は検索してみましょう。

検索キーワード・わかったこと

アイビーさん

例
[検索キーワード]
お礼の言葉　メール

[わかったこと]
「〜のお礼をと思い、メールいたしました。」

「感謝の気持ちでいっぱいです。」

・丁寧　polite　有礼貌。恭敬。　lịch sự, cẩn thận　formal
・感謝　gratitude　感谢　cảm ơn, cảm tạ　agradecimento
・(〜で)いっぱい　filled (with 〜)　满。充满。　tràn đầy, rất　muito

書いてみよう

❶ アイビーさんのメール

社長へのお礼のメール

〇〇様

先日の夕食のお礼をと思い、メールいたしました。会社では
あまり話すチャンスがありませんが、ゆっくり話すことがで
きて楽しかったです。ありがとうございました。

アイビー

❷ あなたの手紙・メール

☞「〜いたします」「あまり〜ない」「〜ことができる」 P.146、147

- 先日 the other day 前几天。日前。 hôm trước outro dia
- チャンス opportunity 机会。时机。 cơ hội oportunidade
- ゆっくり leisurely 慢慢。不着急。 từ từ com calma

付 録

日本語の品詞と活用

Japanese Parts of Speech & Conjugations
日语的词类和活用
Các từ loại và cách chia trong Tiếng Nhật
As classes gramaticais e conjugações do japonês

▶ 名詞と形容詞
Nouns and adjectives／名词和形容词／Danh từ và tính từ／Substantivos e adjetivos

名詞

「人、もの、こと」を表します。

例 あなた　コップ　休み

Nouns represent a person, object, or abstraction.

表示人、物、事情。

Biểu thị "người, sự vật, sự việc".

Expressam "pessoas e coisas".

い形容詞

名詞を修飾するとき、「－い＋名詞」となるもの。人や物の性質、特徴を表します。

例 冷たい飲み物　やさしい人

These are adjectives that take the form "-i + noun" when modifying a noun. They express a characteristic/quality of a person, thing, etc.

修饰名词时以「－い＋名词」形式出现的形容词。表示人或事物的性质、特点。

Khi dùng để bổ nghĩa cho danh từ, ta dùng "tính từ đuôi i + danh từ". Cụm từ này thể hiện tính chất, đặc trưng của người và vật.

Aqueles que viram "' い + substantivo" quando qualificam um substantivo. Expressam qualidades e características de pessoas e coisas.

な形容詞

名詞を修飾するとき、「－な＋名詞」となるもの。人や物の性質、特徴を表します。

例 きれいな町　元気な人

These are adjectives that take the form "-na + noun" when modifying a noun. They express a characteristic/quality of a person, thing, etc.

修饰名词时以「－な＋名词」形式出现的形容词。表示人或事物的性质、特点。

Khi dùng để bổ nghĩa cho danh từ, ta dùng "tính từ đuôi na + danh từ". Cụm từ này thể hiện tính chất. đặc trưng của người và sự vật.

Aqueles que viram " な + substantivo" quando qualificam um substantivo. Expressam qualidades e características de pessoas e coisas.

▶ 動詞のグループ分け

Verb groups ／动词分类／ Phân nhóm các động từ ／ Divisão dos verbos em grupos

動詞は活用のしかたによって、1グループ、2グループ、3グループに分けることができます。	Verbs can be divided into Groups 1, 2, and 3 depending on how they conjugate.
	根据动词的活用方式，可将其分为以下一、二、三类动词。
	Tùy vào cách chia của động từ mà người ta chia chúng thành động từ nhóm 1, động từ nhóm 2, động từ nhóm 3.
	É possível dividir os verbos em grupo 1, grupo 2 e grupo 3, de acordo com a conjugação deles.

1グループ

①「ーる (ru)」以外で終わるもの

　例　書く、読む、会う、行く

Verbs other than those ending with *-ru*

词尾不是「ーる (ru)」的动词。

Những động từ kết thúc không bằng "~ ru"

Os que não terminam em "ーる (ru)"

②「ーる (ru)」で終わるものの中で「ーaru」「ーuru」「ーoru」で終わるもの

　例　終わる、降る、取る

-*Ru* verbs that end with *-aru* , *-uru*, or *-oru*

词尾是「ーる (ru)」的动词中，以「ーaru」、「ーuru」和「ーoru」结束的动词。

Những động từ kết thúc bằng " ~aru", "~ uru", "~ oru" trong số những động từ kết thúc bằng "ru"

Entre os que terminam em "ーる (ru)", os que terminam em "-aru", "-uru" e "-oru"

2グループ

「ーる (ru)」で終わるものの中で「ーiru」「ーeru」で終わるもの

　例　見る、食べる、寝る

　＊「帰る」「切る」「知る」「入る」「走る」
　　などは1グループ

-*Ru* verbs that end with *-iru* or *-eru*

词尾是「ーる (ru)」的动词中，以「ーiru」、「ーeru」结束的动词。

Những động từ kết thúc bằng " ~ iru", " ~ eru" trong số những động từ kết thúc bằng " ~ru"

Entre os que terminam em "ーる (ru)", os que terminam em "-iru" e "-eru"

Verbs such as the following are Group 1 verbs:「帰る」「切る」「知る」「入る」「走る」

「帰る」「切る」「知る」「入る」「走る」等动词属于一类动词。

「帰る」「切る」「知る」「入る」「走る」thuộc nhóm 1

「帰る」「切る」「知る」「入る」「走る」, etc. são grupo 1

3グループ

する、来る

活用形
Conjugation forms ／活用形／ Các dạng của động từ ／ Forma original

辞書形

辞書に載っている動詞の形です。

1グループ	2グループ	3グループ
書く	見る	する
行く	起きる	来る
泳ぐ	いる	
買う	着る	
立つ	借りる	
取る	食べる	
遊ぶ	考える	
休む	出る	
死ぬ	忘れる	
話す	寝る	

This is the form of verbs as listed in dictionaries.

收录在词典里的动词原形。

Là dạng nguyên thể (dạng của động từ được ghi trong từ điển).

A forma do verbo que está no dicionário.

ない形

1グループ ▶ 書く→書かない（kaku→kakanai）　＊買う→買わない（kau→kawanai）
2グループ ▶ 見る→見ない（miru→minai）

1グループ		2グループ		3グループ	
書く	書かない	見る	見ない	する	しない
行く	行かない	起きる	起きない	来る	来ない
泳ぐ	泳がない	いる	いない		
＊買う	買わない	着る	着ない		
立つ	立たない	借りる	借りない		
取る	取らない	食べる	食べない		
遊ぶ	遊ばない	考える	考えない		
休む	休まない	出る	出ない		
死ぬ	死なない	忘れる	忘れない		
話す	話さない	寝る	寝ない		

ます形

1グループ ▶ 書く→書きます（kaku→kakimasu）

2グループ ▶ 見る→見ます（miru→mimasu）

1グループ		2グループ		3グループ	
書く	書きます	見る	見ます	する	します
行く	行きます	起きる	起きます	来る	来ます
泳ぐ	泳ぎます	いる	います		
買う	買います	着る	着ます		
立つ	立ちます	借りる	借ります		
取る	取ります	食べる	食べます		
遊ぶ	遊びます	考える	考えます		
休む	休みます	出る	出ます		
死ぬ	死にます	忘れる	忘れます		
話す	話します	寝る	寝ます		

て形

1グループ ▶ く→いて　　書く→書いて（kaku→kaite）　＊行く→行って（iku→itte）

　　　　　　ぐ→いで　　泳ぐ→泳いで（oyogu→oyoide）

　　　　　　う・つ・る→って　買う→買って（kau→katte）

　　　　　　ぶ・む・ぬ→んで　遊ぶ→遊んで（asobu→asonde）

　　　　　　す→して　　話す→話して（hanasu→hanashite）

2グループ ▶ 見る→見て（miru→mite）

1グループ		2グループ		3グループ	
書く	書いて	見る	見て	する	して
＊行く	行って	起きる	起きて	来る	来て
泳ぐ	泳いで	いる	いて		
		着る	着て		
買う	買って	借りる	借りて		
立つ	立って	食べる	食べて		
取る	取って	考える	考えて		
遊ぶ	遊んで	出る	出て		
休む	休んで	忘れる	忘れて		
死ぬ	死んで	寝る	寝て		
話す	話して				

た形【けい】

作【つく】り方【かた】は「て形【けい】」と同【おな】じです。「て」を「た」にします。

1グループ		2グループ		3グループ	
書【か】く	書【か】いた	見【み】る	見【み】た	する	した
*行【い】く	行【い】った	起【お】きる	起【お】きた	来【く】る	来【き】た
泳【およ】ぐ	泳【およ】いだ	いる	いた		
買【か】う	買【か】った	着【き】る	着【き】た		
立【た】つ	立【た】った	借【か】りる	借【か】りた		
取【と】る	取【と】った	食【た】べる	食【た】べた		
遊【あそ】ぶ	遊【あそ】んだ	考【かんが】える	考【かんが】えた		
休【やす】む	休【やす】んだ	出【で】る	出【で】た		
死【し】ぬ	死【し】んだ	忘【わす】れる	忘【わす】れた		
話【はな】す	話【はな】した	寝【ね】る	寝【ね】た		

This is made in the same way as the te-form, except that te is replaced with ta.

活用方式与「て形」相同, 把「て」变成「た」。

Cách chia giống với dạng "te". Chuyển "te" thành "ta".

A forma de conjugar é a mesma da forma て. No lugar de て se usa た.

▶ その他【た】の活用形【かつようけい】
Other conjugation forms／其他活用形／Các dạng khác／Outras conjugações

可能形【かのうけい】

自分【じぶん】の能力【のうりょく】でできることや、その場【ば】の状況【じょうきょう】でできることを表【あらわ】す動詞【どうし】の形【かたち】です。

1グループ ▶ 話【はな】す→話【はな】せる（hanasu→hanaseru）
2グループ ▶ 食【た】べる→食【た】べられる（taberu→taberareru）

1グループ		2グループ		3グループ	
話【はな】す	話【はな】せる	食【た】べる	食【た】べられる	する	できる
飲【の】む	飲【の】める	覚【おぼ】える	覚【おぼ】えられる	来【く】る	来【こ】られる
書【か】く	書【か】ける	起【お】きる	起【お】きられる		

This verb form expresses potentiality, such as the subject's capabilities or what can be done in certain conditions.

表示自己有能力做某事或者根据当时的情况判断能做某事的动词活用形。

Là dạng của động từ thể hiện năng lực của bản thân có thể làm được, hoặc hoàn cảnh cho phép làm được việc gì.

Forma verbal que expressa habilidade própria ou o que pode ser feito em uma determinada situação.

意向形（いこうけい）

話し手の意志を伝える動詞の形です。

1グループ ▶ 行く→行こう（iku→ikou）
2グループ ▶ 食べる→食べよう（taberu→tabeyou）

1グループ		2グループ		3グループ	
行く	行こう	食べる	食べよう	する	しよう
遊ぶ	遊ぼう	見る	見よう	来る	来よう
飲む	飲もう	いる	いよう		

This verb form expresses the speaker's will.

表达说话人意愿的动词活用形。

Là dạng của động từ thể hiện ý chí của người nói.

Forma verbal que transmite a intenção do falante.

条件形（じょうけんけい）

「AばB」の文で条件を表すときの動詞の形です。

1グループ ▶ 行く→行けば（iku→ikeba）
2グループ ▶ 起きる→起きれば（okiru→okireba）

1グループ		2グループ		3グループ	
行く	行けば	起きる	起きれば	する	すれば
買う	買えば	借りる	借りれば	来る	来れば
読む	読めば	考える	考えれば		

This verb form is used in "A ば B" patterns to express a condition.

以「AばB」的句式表示条件时的动词活用形。

Là dạng của động từ thể hiện điều kiện với mẫu câu "A ば B".

"A ば B" é uma forma verbal que expressa condição.

禁止形（きんしけい）

禁止することを表す動詞の形です。

1グループ ▶ 入る→入るな（hairu→hairuna）
2グループ ▶ 見る→見るな（miru→miruna）

1グループ		2グループ		3グループ	
入る	入るな	見る	見るな	する	するな
吸う	吸うな	寝る	寝るな	来る	来るな
触る	触るな	食べる	食べるな		

This verb form expresses a prohibition.

表示禁止做某事时的动词活用形。

Dạng cấm đoán của động từ.

Forma verbal que expressa uma proibição.

命令形
めいれいけい

人に命令したり、強く指示したりすることを表す動詞の形です。
ひと めいれい つよ しじ あらわ どうし かたち

1グループ ▶ 走る→走れ（hashiru→hashire）
はし はし

2グループ ▶ 逃げる→逃げろ（nigeru→nigero）
に に

1グループ		2グループ		3グループ	
走る はし	走れ はし	逃げる に	逃げろ に	する	しろ
立つ た	立て た	見る み	見ろ み	来る く	来い こ
急ぐ いそ	急げ いそ	覚える おぼ	覚えろ おぼ		

This verb form is used to give commands or strongly express instructions.

表示对人施加命令或是以较强口气指示别人做某事时使用的动词活用形。

Dạng mệnh lệnh của động từ thể hiện việc ra lệnh hay đưa ra chỉ thị mạnh với người khác.

Forma verbal que expressa uma ordem ou instrução a alguém.

▶ 丁寧形と普通形
ていねいけい ふつうけい

Polite and plain forms／敬体形和简体形／Dạng lịch sự và dạng thường／Forma polida e comum

丁寧形
ていねいけい

フォーマルな場面で使う形です。
ば めん つか かたち

This form is used for formal situations.／用于正式场合的活用形。

Dạng của động từ sử dụng trong những tình huống trang trọng.／A forma usada em situações formais.

	肯定 こうてい Affirmative 肯定 Khẳng định Afirmativo	否定 ひてい Negative 否定 Phủ định Negativo	過去肯定 かこ こうてい Past affirmative 过去肯定式 Quá khứ khẳng định Passado afirmativo	過去否定 かこ ひてい Past negative 过去否定式 Quá khứ phủ định Passado negativo
名詞 めいし	休みです やす	休みじゃありません やす	休みでした やす	休みじゃありませんでした やす
い形容詞 けいようし	大きいです おお	大きくないです おお	大きかったです おお	大きくなかったです おお
	*いいです	よくないです	よかったです	よくなかったです
な形容詞 けいようし	元気です げんき	元気じゃありません げんき	元気でした げんき	元気じゃありませんでした げんき
動詞 どうし	話します はな	話しません はな	話しました はな	話しませんでした はな
	あります	ありません	ありました	ありませんでした

ば めん つか かたち ぶん なか せつぞく ば あい つか
カジュアルな場面で使う形です。また、文の中で接続する場合にも使います。

This form is used for casual situations. It is also used to connect the verb with other words in a sentence.

用于非正式场合，也可在句中连接其它成分。

Là dạng sử dụng trong tình huống thông thường. Ngoài ra, ta còn có thể dùng dạng này trong trường hợp nối cụm từ trong câu.

A forma usada em situações casuais. Também é usada dentro da frase caso o verbo se ligue com outro elemento.

	こうてい 肯定 Affirmative 肯定 Khẳng định Afirmativo	ひてい 否定 Negative 否定 Phủ định Negativo	か こ こうてい 過去肯定 Past affirmative 过去肯定式 Quá khứ khẳng định Passado afirmativo	か こ ひてい 過去否定 Past negative 过去否定式 Quá khứ phủ định Passado negativo
めい し 名詞	やす 休みだ	やす 休みじゃない	やす 休みだった	やす 休みじゃなかった
けいよう し い形容詞	おお 大きい	おお 大きくない	おお 大きかった	おお 大きくなかった
	*いい	よくない	よかった	よくなかった
けいよう し な形容詞	げん き 元気だ	げん き 元気じゃない	げん き 元気だった	げん き 元気じゃなかった
どう し 動詞	はな 話す	はな 話さない	はな 話した	はな 話さなかった
	*ある	ない	あった	なかった

かく か ぶん ぽう かい せつ
各課の文法解説

Lesson Grammar Points
每一课的语法解释
Giải thích ngữ pháp các bài
Explicação gramatical de cada lição

 ひょう き
表記

Abbreviations & terms ／标记。记号。／Biểu thị bằng chữ viết ／Notas

せつぞく ようご いか あらわ
接続の用語は以下のように表しています。

Connecting words in the patterns are represented as follows. ／活用形以下形式表示

Các từ dùng để nối được biểu thị như sau. ／Abaixo está expresso o vocabulário dos conectivos.

めい し
名詞＝N

けいよう し ご かん　　　　　　　　　　　　　けいよう し ご かん じしょけい
い形容詞の語幹＝いA　　　　　　　　　　な形容詞の語幹（辞書形）＝なA

けいよう し じしょけい　　　　　　　　　　　けいよう し　　　　けい
い形容詞の辞書形＝いAい　　　　　　　形容詞のて形＝いAくて　なAで

どう し　　　けい　　　　　　　　　　　　　　　どう し じしょけい
動詞のます形＝Vます　　　　　　　　　動詞の辞書形＝Vる

どう し　　　けい　　　　　　　　　　　　　　　どう し　　　けい
動詞のない形＝Vない　　　　　　　　　動詞のて形＝Vて

どう し　　　けい　　　　　　　　　　　　　　　どう し か のうけい
動詞のた形＝Vた　　　　　　　　　　　動詞の可能形＝Vられる

ぎ もん し　　　　　　　　　　　　　　　　　　ふ つうけい
疑問詞　　　　　　　　　　　　　　　　普通形

Noun = N

i-adjective stem = いA　　　　　　　　　*na*-adjective stem (dictionary form) = なA

i-adjective in dictionary form = いAい　　adjective in *te*-form = いAくて　なAで

verb in *masu*-form = V~~ます~~　　　　　　verb in dictionary form = Vる

verb in *nai*-form = Vない　　　　　　　verb in *te*-form = Vて

verb in *ta*-form = Vた　　　　　　　　verb in potential form = Vられる

interrogative word　　　　　　　　　　plain form

名词＝N

い形容词词干＝いA　　　　　　　　　　な形容词词干（基本型／辞书形）＝なA

い形容词基本形（辞书形）＝いAい　　　形容词て形＝いAくて　なAで

动词ます形＝Vます　　　　　　　　　　动词基本形（辞书形）＝Vる

动词ない形＝Vない　　　　　　　　　　动词て形＝Vて

动词た形＝Vた　　　　　　　　　　　　动词可能形＝Vられる

疑问词　　　　　　　　　　　　　　　　简体形

Danh từ = N

Gốc từ của tính từ đuôi i = いA　　　　　Gốc từ của tính từ đuôi na (dạng nguyên thể) = なA

Dạng nguyên thể của tính từ đuôi i ＝いAい　Dạng te của tính từ ＝いAくて　なAで

Dạng masu của động từ = V~~ます~~　　　　Dạng nguyên thể của động từ = Vる

Dạng nai của động từ ＝Vない　　　　　Dạng te của động từ ＝Vて

Dạng ta của động từ ＝Vた　　　　　　Dạng khả năng của động từ ＝Vられる

Từ nghi vấn　　　　　　　　　　　　　Dạng thường

Substantivo = N

O radical de い adjetivo = いA　　　　　　　　　　O radical de な adjetivo (forma que consta no dicionário) = なA

Forma que consta no dicionário de い adjetivo = いAい　Forma て do adjetivo = いAくて　なAで

Forma ます do verbo = V~~ます~~　　　　　　　　　Forma que consta no dicionário do verbo = Vる

Forma ない do verbo ＝Vない　　　　　　　　　Forma て do verbo = Vて

Forma た do verbo = Vた　　　　　　　　　　　Forma verbal de possibilidade = Vられる

Interrogativos　　　　　　　　　　　　　　　　Forma comum

1 ─────────────────────────────

～はありますか

ものがあるか、ないかを聞く表現です。

Used to ask whether something is present or available.
询问某种东西有还是没有。
Là mẫu câu dùng để hỏi xem có thứ gì đó hay không.
Expressão para perguntar se tem ou não algo.

例 ）小麦粉はありますか。

Do you have wheat? ／有面粉吗？
Có bột mỳ không? ／Tem farinha?

接続）N ＋はありますか

（～は）どこにありますか

ものがある場所を聞く表現です。

Used to ask the location of something.
询问东西放在哪儿(什么地方)。
Là mẫu câu để hỏi về địa điểm có chứa đồ vật.
Expressão para perguntar o local onde está algum objeto.

例 ）塩はどこにありますか。

Where's the salt? ／盐在哪儿？
Muối ở đâu? ／Onde está o sal?

接続）N ＋はどこにありますか

2 ─────────────────────────────

～はありますか

ものがあるか、ないかを聞く表現です。

Used to ask whether something is present or available.
询问某种东西有还是没有。
Là mẫu câu để hỏi xem có thứ gì đó hay không.
Expressão para perguntar se tem ou não algo.

例 ）もっと大きいサイズはありますか。

Do you have a larger size? ／有更大的吗？
Có cỡ lớn hơn không? ／Tem um tamanho maior?

接続）N ＋はありますか

～てもいいですか

してもいいか、許可を求める表現です。

Used to ask for permission.
征求对方同意的表达方式。
Là mẫu câu để hỏi xin sự cho phép, hỏi làm có được không?
Expressão para pedir permissão.

例）カードで払ってもいいですか。

Can I pay by card?
可以刷卡支付吗?
Thanh toán bằng thẻ có được không?
Posso pagar com o cartão?

接続）V て＋もいいですか

3 ⸻

～の中で、どれが一番～ですか

何かの分類の中で一番のものを聞く表現です。

Used to ask which thing in a group is the first in terms of some characteristic.
用来询问某类物品中哪个最好。
Là mẫu câu nói về cái gì là nhất trong một tập hợp nào đó.
Expressão para perguntar o melhor de uma certa categoria.

例）目薬の中で、どれが一番おすすめですか。

Which eye drops do you recommend the most?
眼药水中, 你觉得哪一种最好?
Trong số các loại thuốc mắt, loại nào là loại bạn khuyên nên dùng nhất?
Qual dos colírios você recomenda mais?

接続）N ＋の中で、どれが一番～ですか

～たらいいですか

相手にやり方などの指示を求める表現です。

Used to ask for advice or instructions on how to do something.
要求对方就做法等给予指示的表达方式。
Là mẫu câu yêu cầu đối phương hướng dẫn, chỉ thị cách làm.
Expressão para pedir instruções sobre a forma de fazer algo.

例）これはいつ使ったらいいですか。

When should I use this?／这个什么时候用好呢?
Cái này nên dùng khi nào thì được?／Quando posso usar isto?

接続）疑問詞＋V た＋らいいですか

4

～んです

事情や状況を説明するとき使う
表現です。

例）昨日から、頭が痛いんです。

接続）普通形＋んです

　　＊なＡな／Ｎな＋んです

Used to explain a situation or circumstances.
对事由或情况予以说明时使用的表达方式。
Là mẫu câu dùng khi giải thích về tình hình, hoàn cảnh.
Expressão usada quando se explica uma situação.

(It's that) My eyes have been sore since yesterday.
昨天起一直头疼。
Chả là tôi bị đau đầu từ hôm qua.
É que minha cabeça dói desde ontem.

～からです

時間の起点を表す表現です。

例）おとといからです。

接続）Ｎ＋からです

Used to express the point in time that something starts/started.
表示开始的时间。
Là mẫu câu thể hiện điểm bắt đầu của thời gian.
Expressão que descreve o ponto de partida temporal.

Since yesterday. ／是从前天开始的。
Từ hôm kia. ／Desde anteontem.

5

～てください／～ないでください

依頼したり、相手に軽く指示したり
する表現です。

例）外に出ないでください。

接続）Ｖて＋ください／Ｖない で＋ください

Used to make a request or politely give an instruction.
用于表示请求或吩咐对方做某事。
Là mẫu câu thể hiện sự nhờ vả hoặc đưa ra yêu cầu nhẹ nhàng
cho đối phương.
Expressão para pedir ou dar instruções a outra pessoa.

Please don't go outside. ／请不要出去。
Hãy đừng đi ra ngoài. ／Não saia.

～ほうがいいです

相手に提案する表現です。

Used to make a suggestion.

向对方提建议的表达方式。

Là mẫu câu đưa ra đề xuất, lời khuyên cho đối phương.

Expressão para sugerir algo a alguém.

例 ）台風の情報をニュースで見た
　　ほうがいいです。

You should watch the news for information on typhoons.

你最好看新闻了解台风信息。

Nên theo dõi thông tin cơn bão bằng cách xem bản tin.

É melhor ver as informações de tufão no noticiário.

接続）V た／V ない＋ほうがいいです

---

6 ────────────────────────

～たいです

自分の希望や欲求を表す表現です。

Used to express your wishes or demands.

用于表达自己的希望或欲望。

Là mẫu câu thể hiện nguyện vọng, mong muốn của bản thân mình.

Expressão que descreve o desejo e a vontade de alguém.

例 ）東京ディズニーランドへ行き
　　たいです。

I want to go to Tokyo Disneyland.

我想去东京迪士尼乐园。

Tôi muốn đi Tokyo Disneyland.

Quero ir para a Tokyo Disneyland.

接続）V－ます＋たいです

～んですが

相手に何かをお願いする前に、自分
の事情を伝えようとする表現です。

Used to preface a request by expressing the situation behind your request.

向对方提某种要求之前，先把自己的情况告诉对方的表达方式。

Là mẫu câu dùng khi muốn truyền đạt tình hình của mình trước khi nhờ vả đối phương làm việc gì đó.

Expressão para explicar a própria situação antes de pedir algo a outra pessoa.

例 ）名古屋城へ行きたいんですが。

I want to go to Nagoya Castle (so... *request*)

我想去名古屋城。

Tôi thì tôi muốn đi đến thành Nagoya.

Gostaria de ir ao Castelo de Nagoya.

接続）普通形＋んですが

＊なＡな／Ｎな＋んですが

〜たらいいですか

相手にやり方などの指示を求める表現です。

Used to ask for advice or instructions on how to do something.
要求对方就做法等给予指示的表达方式。
Là mẫu câu yêu cầu đối phương hướng dẫn, chỉ thị cách làm.
Expressão para pedir instruções sobre a forma de fazer algo.

例　）どのホームに行ったらいいですか。

Which platform should to go to? ／该去哪个站台呢?
Đi đến sảnh nào thì được? ／Para qual plataforma devo ir?

接続）疑問詞＋Ｖた＋らいいですか

〜と〜、どちらが〜ですか

二つのことを比較して、尋ねる表現です。

Used to ask which of two things more closely meets some characteristic.
就两种事物进行比较的询问方式。
Là mẫu câu hỏi để so sánh 2 sự vật, hiện tượng.
Expressão para comparar e perguntar sobre duas coisas.

例　）新幹線と飛行機、どちらが安いですか。

Which is cheaper, the bullet train or an airplane?
坐新干线和飞机, 哪个便宜?
Giữa tàu Shinkansen và máy bay, đẳng nào rẻ hơn?
Qual é mais barato: trem-bala ou avião?

接続）ＮとＮ、どちらが＋いＡい／なＡ＋ですか

7

～て～

複数の性質や特徴をつなぐ表現です。

Used to connect words expressing characteristics or qualities.
表达几种性质或特点同时存在。
Là mẫu câu thể hiện cùng lúc nhiều tính chất, đặc trưng.
Expressão que conecta várias palavras que expressam qualidades e características.

例）私の部屋の周りは静かで、きれいです。

The area around my apartment is quiet and beautiful.
我的房间的周围环境既安静又整洁。
Xung quanh căn phòng của tôi vừa yên tĩnh, vừa đẹp.
Ao redor da minha casa é tranquilo e bonito.

接続）いＡくて／なＡで

～んですが

相手に何かをお願いする前に、自分の事情を伝えようとする表現です。

Used to preface a request by expressing the situation behind your request.
向对方提某种要求之前，先把自己的情况告诉对方的表达方式。
Là mẫu câu dùng để truyền đạt hoàn cảnh của mình trước khi nhờ vả đối phương việc gì
Expressão para explicar a própria situação antes de pedir algo a outra pessoa.

例）2LDKの部屋を探しているんですが。

I'm looking for a 2LDK apartment (so... *request*)
我在找两室一厅（2LDK）的房间。
Tôi thì tôi đang tìm căn phòng 2 LDK.
Então, estou procurando uma moradia 2LDK.

接続）普通形＋んですが

＊なＡな／Ｎな＋んですが

～ほうがいいです

何かの中で比較して選んだ、自分の希望を伝える表現です。

Used to express your preference among various options.
就某事做比较后选择符合自己心愿的内容，并将其自告诉对方的表达方式。
Là mẫu câu để thể hiện nguyện vọng của bản thân mình sau khi đã so sánh với những phương án khác và lựa chọn.
Expressão para transmitir o próprio desejo, depois de comparar várias opções e decidir.

例）引っ越しは、明日のほうがいいです。

I prefer to move in tomorrow.
搬家的日子，明天比较好。
Chuyển nhà thì nên để ngày mai tốt hơn.
Prefiro fazer a mudança amanhã.

接続）N の＋ほうがいいです
　　　い A い／な A な＋ほうがいいです

8

～て～

複数の性質や特徴をつなぐ表現です。

Used to connect words expressing characteristics or qualities.
表达几种性质或特点同时存在。
Là mẫu câu để kết nối nhiều tính chất và đặc trưng.
Expressão que conecta várias palavras que expressam qualidades e características.

例）私のふるさとは、人が多くて、海がきれいです。

My hometown has many people, and the sea is beautiful there.
我的家乡人很多，大海也很美丽。
Quê tôi người vừa đông, mà biển lại đẹp nữa.
Na minha terra natal tem muitas pessoas e o mar é bonito.

接続）い A くて／な A で

～という～があります（N1 という N2 があります）

N1 には場所や物や出来事の名前が入り、N2 でその内容を紹介する表現です。

Used to state the name of a place, thing, event, etc. (in N1) and describe what it is (in N2).
N1处是地点、事物或事情的名称，N2介绍其内容。
Là mẫu câu mà ở N1 có chứa tên của địa điểm, sự vật, sự việc; N2 giới thiệu về nội dung của địa điểm, sự vật, sự việc đó.
Expressão em que se coloca no N1 o nome de um lugar, uma coisa ou acontecimento, enquanto no N2 se apresenta o que foi colocado no N1.

例）雪まつりというお祭りがあります。

We have a festival called the Snow Festival.
有名为冰雪节的例行活动。
Có lễ hội tên gọi là lễ hội tuyết.
Tem um festival chamado Yuki Matsuri.

接続）N ＋という＋ N ＋があります

～たら、～（Aたら、B）

「Aたら、B」の形で、Aが先に起き、続けてBが起きることを伝える表現です。

A たら B : Used to express that B occurs after A.

以「A たら B」的形式, 表示A发生后紧接着B也发生。

Là mẫu câu dưới dạng 「A たら B」, nhằm thể hiện rằng A xảy ra trước, sau đó B sẽ xảy ra.

Expressão usada na forma "A たら B". Expressa que a ação A ocorre primeiro, e em seguida ocorre B.

例 ）春になったら、桜がたくさん咲きます。

After spring arrives, many cherry trees blossom.

到了春天, 櫻花便会盛开。

Mùa xuân đến thì hoa anh đào nở nhiều.

Quando for primavera, muitas cerejeiras florescerão.

接続）V た＋ら

9 ────────────────

～ています

習慣として繰り返し行うことを伝える表現です。

Used to express a regular practice.

述说反复进行的习惯性行为的表达方式。

Là mẫu câu thể hiện một việc gì đó thường lặp đi lặp lại như một thói quen.

Expressão para transmitir um costume que é executado repetidas vezes.

例 ）毎週土曜日と日曜日は、公園を散歩しています。

I take a walk in the park every Saturday and Sunday.

我每个星期六和星期天都去公园散步。

Hàng tuần vào thứ bảy và chủ nhật, tôi thường đi dạo công viên.

Caminho no parque todos os sábados e domingos.

接続）V て＋います

～ようになりました

状況や習慣が変化したことを伝える表現です。

Used to express a change in circumstances or practices.

述说情况或习惯出现了变化时的表达方式。

Là mẫu câu dùng để thể hiện việc tình hình và thói quen đã thay đổi.

Expressão que transmite que uma situação ou costume mudou.

例 ）日本の音楽を聞くようになりました。

I've started listening to Japanese music.

我开始听日本的音乐了。

Tôi đã chuyển sang nghe âm nhạc của Nhật Bản

Passei a ouvir música japonesa.

接続）V る＋ようになりました

〜のが〜（Aのが B）

Bには「好き」「嫌い」「得意」などが入り、AについてBであることを強調して伝える表現です。

Used to declare that B is the case regarding A, with B taking words like 好き, 嫌い, or 得意.

B处一般是「好き」、「嫌い」及「得意」等形容动词, 强调表达就A来说是B之意。

Trong B có chứa "thích", "ghét", "giỏi", đây là mẫu câu nhấn mạnh rằng ai đó như thế nào (B) đối với A.

No B se usa gostar（好き）, odiar（嫌い）, habilidoso（得意）, etc. É uma expressão que ressalta a característica B que fala sobre A.

例 ）日本の音楽を聞くのが好きです。

I like listening to Japanese music.
我喜欢听日本的音乐。
Tôi thích nghe nhạc của Nhật Bản.
Gosto de ouvir música japonesa.

接続）V る＋のが

〜と、〜（Aと、B）

Aのときは必ずBになることを伝える表現です。

Used to express that B always occurs when A happens.

述说A时必然会出现B的情况的表达方式。

Là mẫu câu thể hiện rằng khi xảy ra việc A thì chắc chắn sẽ xảy ra việc B.

Expressão que transmite que ao se fazer A, muda-se sempre para o estado B.

例 ）サッカーの試合を見ると、元気になります。

I always cheer up when I watch a soccer game.
我一看足球比赛就会打起精神来。
Cứ mỗi khi xem trận đấu bóng đá, tôi lại thấy khỏe lên.
Quando assisto a uma partida de futebol, fico animado.

接続）V る＋と

11

どんな〜ですか

人やもの、場所の特徴について尋ねる表現です。

Used to ask about the characteristics of a person, thing, or place.

询问人、物或地点的特点时的表达方式。

Là mẫu câu dùng để hỏi về đặc điểm của người, sự vật, địa điểm.

Expressão para perguntar sobre as características de pessoas, coisas ou lugares.

例）ドリアンはどんな果物ですか。

What kind of fruit is durian?
榴莲是一种什么样的水果?
Sầu riêng là loại trái cây như thế nào?
Que tipo de fruta é o durian?

接続）どんな＋Nですか

～をお願いします

欲しいものがあるとき、してもらいたいことがあるときに依頼する表現です。

Used to request a thing you desire or an action you want completed.
想要某种东西或要求对方做某事时的表达方式。
Là mẫu câu nhờ vả khi mình muốn gì hoặc khi muốn người khác làm cho mình việc gì.
Expressão para pedir algo quando se quer alguma coisa ou quando se quer que a outra pessoa faça alguma coisa.

例）お水をお願いします。

Could I have some water, please? ／请给我水。
Cho tôi xin chút nước. ／Gostaria de uma água.

接続）N＋をお願いします

12

～ていただけませんか

丁寧にお願いする表現です。

Used to politely make a request.
有礼貌地请求别人做某事时的表达方式。
Là mẫu câu dùng để nhờ vả một cách lịch sự.
Expressão para pedir algo de maneira formal.

例）写真を撮っていただけませんか。

Could you please take our picture?
你能帮我拍张照片吗?
Anh có thể chụp ảnh giùm tôi được không?
Poderia tirar uma foto para mim?

接続）Vて＋いただけませんか

13

~く／にしてください

ある状態を別の状態に変えたいこと
を伝える表現です。

Used to express a desire for something to be changed to another
state or condition.

告诉对方想改换某种状态时的表达方式。

Là mẫu câu dùng để truyền đạt việc muốn thay đổi một trạng thái
nào đó sang trạng thái khác.

Expressão que transmite o desejo de mudar uma situação para
outra situação.

例 ）色は明るくしてください。黄色
にしてください。

Please make it a brighter color. Please make it yellow.

请把颜色弄得明亮一些。请弄成黄色的。

Hãy làm cho màu sáng lên. Hãy chuyển sang màu vàng đi.

Mude para uma cor clara. Mude para amarelo.

接続）いA く＋してください

な A に／N に＋してください

14

~んですが

相手に何かをお願いする前に、自分
の事情を伝えようとする表現です。

Used to preface a request by expressing the situation behind your
request.

向对方提某种要求之前，先把自己的情况告诉对方的表达方式。

Là mẫu câu dùng để truyền đạt hoàn cảnh của mình trước khi
nhờ đối phương làm một việc gì đó.

Expressão para explicar a própria situação antes de pedir algo a
outra pessoa.

例 ）ペットボトルの捨て方がわか
らないんですが。

I don't know how to dispose of plastic bottles (so... *request*)

我不知道塑料瓶怎么扔。

Chẳng là tôi không biết cách vứt vỏ chai nhựa.

Não sei como jogar fora as garrafas PET.

接続）普通形＋んですが

＊な A な／N な＋んですが

～てもいいですか

相手（あいて）に許可（きょか）を求（もと）める表現（ひょうげん）です。

Used to ask for permission.
征求对方同意的表达方式。
Là mẫu câu dùng để xin phép đối phương.
Expressão para pedir permissão a alguém.

例（れい）） ここでたばこを吸（す）ってもいい
ですか。

Can I smoke here? ／我可以在这儿吸烟吗?
Tôi hút thuốc lá ở đây có được không? ／Posso fumar cigarro aqui?

接続（せつぞく）） Ｖ て＋もいいですか

15

～いたします

「します」の謙譲語（けんじょうご）です。謙譲語（けんじょうご）は、
自分（じぶん）の行為（こうい）を下（さ）げて相手（あいて）を高（たか）める表（ひょう）
現（げん）です。

Humble form of します. Humble expressions elevate the listener
by humbly conveying the speaker's actions.
是「します」的自谦语（谦让语），即通过降低自己的行为来提高对方而
表示尊敬之意。
Đây là từ khiêm nhường của「します」. Từ khiêm nhường dùng
để hạ thấp mình xuống và nâng cao đối phương lên.
Kenjogo do verbo shimasu "します". O Kenjogo se refere a uma
ação da própria pessoa, que se coloca em posição inferior ao outro.

例（れい）） また、連絡（れんらく）いたします。

I will (humbly) contact you again. ／我会再联系。
Tôi sẽ lại liên lạc sau ạ. ／Entrarei em contato depois.

あまり～ない

頻度（ひんど）が多（おお）くないことや程度（ていど）が高（たか）くな
いことを伝（った）える表現（ひょうげん）です。

Used to express that the frequency or degree of something is not
considerable.
告诉对方次数不多或是程度不高之意时的表达方式。
Là mẫu câu dùng để truyền đạt việc tần suất không nhiều, mức
độ không cao.
Expressão para demonstrar que algo não acontece com frequência
ou que não é de muita intensidade.

例（れい）） 今日（きょう）はあまり忙（いそが）しくない。

I'm not very busy today. ／今天不太忙。
Hôm nay không bận lắm. ／Hoje não estou muito ocupado.

接続（せつぞく）） あまり＋Ｖ ない／いＡ くない／なＡ じゃない

～ことができる

その状況に応じて可能なことや能力を伝える表現です。

Used to express a possibility or capability regarding a particular situation.

告诉对方根据具体情况可以或有能力做某事的表达方式。

Là mẫu câu dùng để truyền đạt về khả năng và năng lực phù hợp với hoàn cảnh.

Expressão que transmite algo possível de ser feito em uma dada situação ou transmite uma habilidade.

例 ）また会うことができる日を楽しみにしています。

I look forward to the day when we can meet again.

我期待着能再次见到您。

Tôi rất mong chờ ngày có thể gặp lại anh.

Estou ansioso pelo dia em que possamos nos encontrar de novo.

接続）V る＋ことができる

著者紹介

深江新太郎

NPO多文化共生プロジェクト代表。「在住外国人が自分らしく生活できるような小さな支援を行う」をミッションに活動。
福岡県日本語教育環境整備事業アドバイザー、文化庁委嘱日本語教育施策アドバイザー。
日本語教育の現場で、実践、研究、コーディネート、マネジメントに携わる。

生活者としての外国人向け
私らしく暮らすための日本語ワークブック

発行日	2021年3月26日（初版）
	2023年6月12日（第3刷）
著者	深江新太郎
編集	株式会社アルク日本語編集部、紺野さやか
翻訳	ジョン・マクガバン（英語）
	顧　蘭亭（中国語）
	Do Thi Hoai Thu（ベトナム語）
	株式会社アミット（ポルトガル語）
デザイン・DTP	洪　永愛（Studio H2）
イラスト	岡村伊都
印刷・製本	萩原印刷株式会社
発行者	天野智之
発行所	株式会社アルク
	〒102-0073　東京都千代田区九段北4-2-6　市ヶ谷ビル
	Website：https://www.alc.co.jp/

地球人ネットワークを創る

アルクのシンボル
「地球人マーク」です。